AF498245

ACTAS DEL VI SIMPOSIO: LAS SOCIEDADES ANTE EL RETO DIGITAL

Coordinación

Elías Said Hung

Manuel Gértrudix Barrio

Actas icono14
Actas del VI Simposio: Las Sociedades ante el reto digital

Primera edición: 13 de mayo de 2013

ICONO14
C/ Salud, 15 5º Dcha. 28013 Madrid
info@icono14.net
www.icono14.net

Editorial: Icono14
Dirección: Francisco García García
Subdirección: Manuel Gértrudix Barrio

Coordinación de las Actas: Elías Said Hung, Manuel Gértrudix Barrio
Co-edición: Icono14, OECC Universidad del Norte, Grupo Ciberimaginario
Diseño de cubierta: José Luis Rubio Tamayo
Impresión: Lulu

ISBN: 978-84-15816-04-1
Impreso en España - Printed in Spain

ACTAS DEL VI SIMPOSIO

LAS SOCIEDADES ANTE EL RETO DIGITAL

Índice

ACTAS **ICONO**14 - Nº 11 VI Simposio Las Sociedades ante el Reto Digital | 05/2013 | ASOCIACIÓN DE COMUNICACIÓN Y NUEVAS TECNOLOGÍAS
C/ Salud, 15 5º dcha. 28013 – Madrid (España) | ISBN: 978-84-15816-04-1 | CIF: G - 84075977 | www.icono14.net/actas

ACTAS **ICONO**14 - Nº 11 VI Simposio Las Sociedades ante el Reto Digital | 05/2013 | ASOCIACIÓN DE COMUNICACIÓN Y NUEVAS TECNOLOGÍAS

C/ Salud, 15 5º dcha. 28013 – Madrid (España) | ISBN: 978-84-15816-04-1 | CIF: G - 84075977 | www.icono14.net/actas

ACTAS DEL VI SIMPOSIO: LAS SOCIEDADES ANTE EL RETO DIGITAL

INTRODUCCIÓN

Desde 2008, el Simposio Las Sociedades ante el Reto Digital, se ha venido desarrollando en el marco de la Cátedra Europa, organizado por la Universidad del Norte en Barranquilla, Colombia.

En sus seis ediciones, se ha consolidado como un espacio de encuentro académico interesado en el abordaje interdisciplinar de las TIC desde tres grandes áreas, las ciencias sociales, las comunicaciones y la educación.

A lo largo de estos años, este simposio internacional ha visto la luz, impulsado por el Dr. Elías Said-Hung, a través del OECC y el Departamento de Comunicación Social y Periodismo de la Universidad del Norte, han asistido aproximadamente más de 1.800 asistentes, 16.000 asistentes virtuales de diferentes países de Iberoamérica y más de 50 ponentes internacionales provenientes de diferentes universidades de Colombia, América Latina y Europa.

Con el apoyo del Grupo de Investigación Ciberimaginario de la Universidad Rey Juan Carlos e ICONO14 de España, con el OECC de la Universidad del Norte, ha podido ver la luz el libro de acta, en el que podrán tener acceso a una selección de los trabajos presentados durante la VI edición del Simposio Las Sociedades ante el Reto Digital en 2013.

Como organizadores de este evento en Colombia, no solo reconocemos el trabajo, el compromiso y la alianza que tenemos con el Grupo Ciberimaginario en España; sino con muchas otras entidades y ponentes nacionales e internacionales que a lo largo de estos años y en la última edición de 2013, han hecho que este espacio de debate académico se haya consolidado en el tiempo para convertirse en un referente de reflexión nacional.

ACTAS **ICONO**14 - Nº 11 VI Simposio Las Sociedades ante el Reto Digital | 05/2013 | ASOCIACIÓN DE COMUNICACIÓN Y NUEVAS TECNOLOGÍAS
C/ Salud, 15 5º dcha. 28013 – Madrid (España) | ISBN: 978-84-15816-04-1 | CIF: G - 84075977 | www.icono14.net/actas

Siendo un ejemplo vivo de las bondades que también puede traer consigo las TIC, al momento de permitir el contacto con expertos y el diálogo entre asistentes y estos a nivel global, en temas afines al impacto que están trayendo estos avances en diferentes campos del saber y sociales en la actualidad.

A todos los que han hecho parte y realidad continuada de este simposio y participado activamente en este libro de acta, gracias.

Elias Said-Hung

Director del Seminario

Universidad del Norte. Tel. 5753509919. saide@uninorte.edu.co

ACTAS **ICONO**14 - Nº 11 VI Simposio Las Sociedades ante el Reto Digital | 05/2013 | ASOCIACIÓN DE COMUNICACIÓN Y NUEVAS TECNOLOGÍAS
C/ Salud, 15 5º dcha. 28013 – Madrid (España) | ISBN: 978-84-15816-04-1 | CIF: G - 84075977 | www.icono14.net/actas

LEVERAGING TECHNOLOGY TO ENHANCE EVIDENCE-BASED PEDAGOGY: A CASE STUDY OF PEER INSTRUCTION IN NORWAY

Christine Lindstrøm

Associate Professor of Science

Oslo and Akershus University College of Applied Sciences

Julie Schell

Senior Educational Researcher

Harvard University

Abstract

Peer Instruction (PI) is a research-based instructional strategy developed by Eric Mazur at Harvard University in the 1990s. Instructors across the disciplines, in every institutional type, and in classrooms throughout the world have adopted PI. The method relies on classroom response systems (CRSs) – or systems which allow instructors to collect student responses to questions. While PI can be and often is implemented using low-tech CRSs (e.g. flashcards), it is enhanced when paired with higher-tech tools (e.g. clickers). In this paper, we address the following research problem: Moving from flashcards to clickers in PI has advantages, however there is a lack of clarity about the practical aspects of this transition for individual instructors. We pose the following research questions: What is involved in the transition from a low-tech CRS (e.g. flashcards) to a high-tech CRS (e.g. clickers) for the instructor and students in a PI environment? What are student perceptions about the value of using clickers when they have previously used flashcards? What are the instructor perceptions of the value of using clickers when she has previously used flashcards? The purpose of this paper is to address the research problem and questions by presenting a case study of one instructor's transition from flashcards to clickers in one university classroom. The paper also provides recommendations for instructors wishing to implement clickers to improve ease of implementation. We found that the transition from flashcards to clickers involves primarily familiarizing the instructor and students with the new technology. We also found that both students and the instructor prefer clickers to flashcards. Most importantly, we found that of the pre-service teachers in our sample (N=21) who were taught using PI, 95% indicated that they intend to use PI, versus more traditional approaches, in their own teaching.

Palabras clave

Peer Instruction, classroom response systems, clickers, flashcards, physics, pre-service teaching, technology.

ACTAS **ICONO**14 - Nº 11 VI Simposio Las Sociedades ante el Reto Digital | 05/2013 | ASOCIACIÓN DE COMUNICACIÓN Y NUEVAS TECNOLOGÍAS

C/ Salud, 15 5º dcha. 28013 – Madrid (España) | ISBN: 978-84-15816-04-1 | CIF: G - 84075977 | www.icono14.net/actas

1. Introduction

Peer Instruction (PI) is a research-based instructional strategy developed by Eric Mazur at Harvard University in the 1990s (Mazur, 1997). In a PI class, students receive first exposure[1] to content before class, through readings, videos, or other coverage activities. As such, instructors use PI within a flipped classroom approach. For example, in most traditional classrooms, students receive first exposure to material in class and then study that content further at home. PI flips the sequence of coverage: Instead of instructors covering the material in class and students applying concepts at home, students cover the material at home, and apply concepts in class with instructor guidance.

In Mazur's implementation of Peer Instruction, instructors motivate students to engage in out-of-class work using Just-in-Time Teaching (JiTT) (Novak, Patterson, Gavrin, & Christian, 1999) . In JiTT, students complete a coverage activity and then respond to questions posed by the instructor. The Instructor then uses feedback from that first-exposure activity to identify student difficulties. Class time is spent doing ConcepTests – short conceptual questions that elicit, confront, and resolve student difficulty (see Heron, Paula, Shaffer, & McDermott, n.d.). The in-class cycle occurs as follows:

- Instructor provides brief mini-lecture on a concept or topic
- Instructor poses ConcepTest
- Students vote individually
- Students discuss their answers with a neighbor (emphasis is placed on finding a neighbor with a different answer and convincing them with your rationale)
- Students re-vote individually
- Instructor facilitates closure through an explanation of the answer

Research demonstrates that PI is related to a number of important learning outcomes, including improved performance on standardized tests of conceptual understanding, exam scores, problem solving, and retention in STEM courses and majors (Schell, Lukoff, & Mazur, 2013) . However, PI implementation researchers also suggest that PI is used in classrooms in many different ways (Dancy & Henderson, 2010). One common variation pertains to how instructors facilitate voting.

2. Objectives

Voting on ConcepTests is an important process in PI. It facilitates student and instructor awareness of strengths and weaknesses (i.e. metacognition) and frequent self-monitoring of student learning states (Schell, Lukoff, & Mazur, 2013). There are a variety of classroom

---

[1] The term "first exposure" was introduced to us in the book Effective Grading, 2009.

ACTAS ICONO14 - Nº 11 VI Simposio Las Sociedades ante el Reto Digital | 05/2013 | ASOCIACIÓN DE COMUNICACIÓN Y NUEVAS TECNOLOGÍAS
C/ Salud, 15 5º dcha. 28013 – Madrid (España) | ISBN: 978-84-15816-04-1 | CIF: G - 84075977 | www.icono14.net/actas

response systems (CRSs) available for collecting votes. Low-technology options include having students use their hands to vote (by holding up a finger to indicate answer choice 1, 2, 3, 4 or 5), and flashcards: pieces of paper with letters A,B,C,D that students can hold up to indicate their answer. Higher-technology versions include clickers, or small devices that record student responses and relay those responses to the instructor and more recently, cloud-based CRSs that allow students to use their cell phones or personal computers to vote (see Schell, Lukoff, & Mazur).

(Lasry, 2008) found in a study comparing the use of clickers (n=41) to flashcards (n=42) in introductory physics, where the instructor was held constant, there was no statistically significant difference on exam scores or in performance on a standardized test of conceptual understanding of physics. This finding indicates that in terms of learning, it is the pedagogy that is most important, not the technology.

However, there are advantages to using higher-tech versions of CRSs including more anonymity on the part of the student (they do not have to display their answer for everyone to see), the ability to archive response data, and the ability to engage students with response data, such as histograms and response counts.

In this paper, we address the following research problem: Moving from a low-tech to a high-tech CRS has clear advantages, however there is a lack of clarity about the practical aspects of this transition for individual instructors. We pose the following research questions: What is involved in transition from a low-tech CRS (e.g. flashcards) to a high-tech CRS (e.g. clickers) for the instructor and students? What are student perceptions about the value of using clickers when they have previously used flashcards? What are the instructor perceptions of the value of using clickers when she has previously used flashcards?

The purpose of this paper is to address the research problem by offering a case study of one transition from flashcards – clickers in one university classroom, which addresses the above research questions. The paper also provides recommendations for instructors wishing to implement clickers to improve ease of implementation.

3. Methodology

This study was conducted at Oslo and Akershus University College of Applied Sciences (HiOA), the largest educational institution for pre-service teachers in Norway. The full sample comprised (N=21) included 5 male and 16 female pre-service, primary education students in their second year of a four-year university degree. Students take the equivalent of one semester of science; however, this one semester is covered over two semesters in the second year of university. The science course constitutes the following subjects: Biology (32%), Physics (20%), Chemistry (20%), Science Education (15%), Geology and Weather (7%), and Technology and Design (T&D) (7%). The course is taught in sessions of 2 hours 45 minutes duration including two ten-minute breaks, with a total of 44 sessions in an academic year.

ACTAS ICONO14 - Nº 11 VI Simposio Las Sociedades ante el Reto Digital | 05/2013 | ASOCIACIÓN DE COMUNICACIÓN Y NUEVAS TECNOLOGÍAS
C/ Salud, 15 5º dcha. 28013 – Madrid (España) | ISBN: 978-84-15816-04-1 | CIF: G - 84075977 | www.icono14.net/actas

PI was used in T&D (three sessions in three weeks, autumn 2012) and Physics (eight sessions in four weeks, spring 2013), both taught by the second author. Classroom-response systems were used in both classes, but a low-technology version was used in the T&D class (flash cards, see figure 1). Clickers were used in the Physics course. Table 1 shows the course content in brief, and the number of Peer Instruction questions used.

Table 1: Overview of course content and use of Peer Instruction

Subject	Topic	Number of PI questions
T&D #1	Intro to T&D	2
T&D #2	Bridges	4
T&D #3	Project presentation	0
Physics #1	Thermal physics	5
Physics #2	Gravity and buoyancy	5
Physics #3	Mechanics	2
Physics #4	Sound	3
Physics #5	Light	4
Physics #6	Electricity	1
Physics #7	Astronomy	4
Physics #8	Group presentation	0

Average course attendance in T&D was 2.4 of 3 sessions, and in Physics 6.7 of 8 sessions (one of which was compulsory in each course). None of the students had studied physics in the last two years of high school.

4. Using low- and high-tech audience response systems with PI

In T&D, the low-technology classroom response system was used. We used flash cards with the letters A-D. These were made by printing a capital letter onto a white A4 sheet (see Appendix A). Each sheet was subsequently folded and stapled at the corners to produce a relatively sturdy flash card (see Figure 1). At the beginning of each session, the pile of flash cards were handed out to the class, and each student picked a set of letters. The flash cards were collected at the end of the session and kept by the lecturer.

ACTAS ICONO14 - Nº 11 VI Simposio Las Sociedades ante el Reto Digital | 05/2013 | ASOCIACIÓN DE COMUNICACIÓN Y NUEVAS TECNOLOGÍAS

C/ Salud, 15 5º dcha. 28013 – Madrid (España) | ISBN: 978-84-15816-04-1 | CIF: G - 84075977 | www.icono14.net/actas

Figure 1: The low- and high-tech versions of the audience response systems – flash card on the left, clickers on the right

5. About the clickers and software

TurningPoint clickers and software by Turning Technologies were used in Physics. Students' clicker responses are collected via Turning Point software and a USB censor, which the instructor plugs into her laptop or classroom computer before each session. Turning Point offers three different ways of collecting data: PowerPoint Polling, Anywhere Polling, and Self-Paced Polling. We collected responses using Anywhere Polling: This is an option within the software that provides a floating, interactive toolbar over your screen display. You can easily hide or show the students the result of their polls using this toolbar. It also allows the instructor to compare pre- and post-discussion response graphs after the discussion, without revealing the responses prior to the discussion. At the end of each session, the responses to all questions were saved on the instructor's computer.

6. Results

Clickers were implemented on all eight days of the sessions related to physics.

6.1. Before the first session

The physics course was a repeat of a course the instructor had taught previously, so the majority of the PowerPoint slides and supporting material was already made. Some adjustments were made, however, before each session based on the feedback on the online tests the students did as part of their pre-work.

An introduction to the software and the clickers was given to the instructor via Skype by a research mentor in Australia. After the initial introduction to the use of clickers, the instructor tried them out in her own time in her office, originally by embedding the clicker software in the PowerPoint presentation, using PowerPoint Polling. This revealed, however, that she was unable to compare pre-post graphs using PowerPoint Polling. Thus, this trial raised some

ACTAS **ICONO**14 - N° 11 VI Simposio Las Sociedades ante el Reto Digital | 05/2013 | ASOCIACIÓN DE COMUNICACIÓN Y NUEVAS TECNOLOGÍAS

C/ Salud, 15 5° dcha. 28013 – Madrid (España) | ISBN: 978-84-15816-04-1 | CIF: G - 84075977 | www.icono14.net/actas

questions that were resolved in a new Skype conversation with the research mentor, which resulted in a decision to use the Anywhere Polling function instead of the PowerPoint Polling due to its greater versatility.

Labels with the numbers 1-21 were attached to the back of 21 functioning clickers (see Figure 1). The class list was used to assign one clicker to each student, which was entered into the software prior to the commencement of the course. The instructor prepared the Turning Point software and class list on her office computer, expecting that it would be accessible from the classroom computer, as all computers in the building are networked.

6.2. First session

In class, students picked up their clickers at the beginning of the session (at least before the Peer Instruction questions started) and returned them at the end.

The instructor expected to be able to pull the software from the office computer. However, she discovered that the software and list were not locally installed on the office computer. The Turning software therefore had to be installed during class, and there was not enough time to create a new participant list, so the system was used on 'auto', thus not registering individual clicker responses during the first session. Due to this unexpected stressor, she also forgot to specifically select to open polls with five alternatives and forgot how to hide the graph showing the results from the poll when it was closed. As the session progressed, however, and these mistakes were discovered, they were rectified.

In spite of a rather disastrous first session, some students verbally expressed to the instructor that they were very excited about using clickers.

6.3. Subsequent sessions

In the second session, the clickers worked quite smoothly. The instructor discovered the benefit of displaying the polling pane during polling, which shows who has voted (see Figure 2). This both motivated the students to vote (it was fun for the students to see their response registered, as verbally indicated by them) and it made students aware of whether their vote had been registered (sometimes they had to press quite hard for the clickers to respond). During this session, a student also asked whether clickers are available for use in schools, illustrating the student's potential consideration of using the clicker as a learning tool as a teacher in his own classroom. At the end of the session the instructor accidentally failed to save the session, however, upon closing the software. As auto-save was not turned on, this resulted in loss of the data.

ACTAS **ICONO**14 - Nº 11 VI Simposio Las Sociedades ante el Reto Digital | 05/2013 | ASOCIACIÓN DE COMUNICACIÓN Y NUEVAS TECNOLOGÍAS

C/ Salud, 15 5º dcha. 28013 – Madrid (España) | ISBN: 978-84-15816-04-1 | CIF: G - 84075977 | www.icono14.net/actas

Figure 2: The polling pane, hovering above the PowerPoint slide, showing who has voted (highlighted in green)

Response Table

1	2	3	4	5
6	7	8	9	10
11	12	13	14	15
16	17	18	19	20
21	22			

From the third class, everything ran smoothly except for one glitch: one clicker stopped working after a few sessions. As the instructor had not prepared a couple of spare clickers to be used as substitutes in such cases, this student was left without a chance to vote. It is therefore recommended that a few clickers be assigned as spares, so that they can immediately be swapped in case of individual clicker failure and subsequently be assigned to the particular individual in the participant list (if individual response recording is of interest).

From the fourth session on, there were no implementation issues. The Turning software and clickers were easy to use; the only error made was that one session ended up not being saved for unknown reasons (presumably pressing 'Don't save' at the end of a hectic session).

From the perspective of the instructor, once the initial challenges were overcome, the clickers were much preferred over the flash cards. The primary reasons were the same as those given by the students: it made registration of student votes efficient and anonymous, and provided informative graphs. In addition, the data were saved such that the instructor did not have to count or record responses, which were susceptible to errors. The clickers were also more convenient than the flash cards, as the latter became worn and appear to need to be remade each year. In addition, the data the software saves on each individual is very valuable both for teaching purposes – especially to identify at-risk students – and for research purposes, as the instructor's classroom is one of her most important laboratories. The instructor will therefore continue to use CRSs, and will only keep flash cards as a back-up or as illustrations of how students can use a low-tech version in their classrooms if a digital alternative is not available.

7. Survey on Student Perception

Students (n=20) completed an anonymous Survey on Student Perception at the end of the last Physics session. For every Physics course taught by the instructor (four in total for the academic year), the students were given this survey. This was the first year the instructor taught physics to pre-service teachers, so she considered the survey an important tool to enable continuous improvement of her Physics courses. She developed the survey herself, including items she wanted feedback on for further course improvement and for use in research reports

ACTAS ICONO14 - Nº 11 VI Simposio Las Sociedades ante el Reto Digital | 05/2013 | ASOCIACIÓN DE COMUNICACIÓN Y NUEVAS TECNOLOGÍAS
C/ Salud, 15 5º dcha. 28013 – Madrid (España) | ISBN: 978-84-15816-04-1 | CIF: G - 84075977 | www.icono14.net/actas

and articles. The items requested feedback on how valuable various aspects of the course had been for learning physics, students' level of agreement with 12 different statements, students' perception of PI and the different audience response systems, students' perception of the curriculum and pre-work, and their overall evaluation of the course, with suggestions for improvement.

The instructor was not present when the survey was completed and the surveys were submitted in a box to ensure anonymity. Twenty of 21 students returned the survey, a response rate of 95%. Not all students responded to all questions; in cases where the response rate to a particular question was less than 20 students, the value of n is quoted.

Students were first asked to indicate, on a scale from 1 to 5 (1 = worthless; 3 = OK; 5 = very valuable) how valuable they found ten different aspects of the physics course for learning physics. The results are shown in table 2.

Table 2: Ranked list with average scores of the value of different aspects of the physics course for learning physics

Rank	Learning method	Average
1.	Peer Instruction	4.40
2.	Watch videos (pre-work)	4.20
	Experiments	4.20
4.	Read textbook (pre-work)	4.15
5.	Lecture (based on online test)	4.10
6.	Group presentation	4.05
7.	Solutions to in-class exercises	3.94
8.	Exercises (in class)	3.78
9-10.	Online test (pre-work)	3.65
	Exercises (at home)	3.65

As is clear from table 2, Peer Instruction was considered the most valuable tool for learning physics. This was confirmed by a separate question, 'How useful did you find clickers (as used in Peer Instruction) as a learning tool?', where 11 students responded 'very useful', with an average score of 4.37 ($n = 19$), the same score as in the first question (see Figure 3).

ACTAS **ICONO**14 - Nº 11 VI Simposio Las Sociedades ante el Reto Digital | 05/2013 | ASOCIACIÓN DE COMUNICACIÓN Y NUEVAS TECNOLOGÍAS

C/ Salud, 15 5º dcha. 28013 – Madrid (España) | ISBN: 978-84-15816-04-1 | CIF: G - 84075977 | www.icono14.net/actas

Figure 3: Student responses to the survey item 'How useful did you find clickers (as used in Peer Instruction) as a learning tool?' (n = 19)

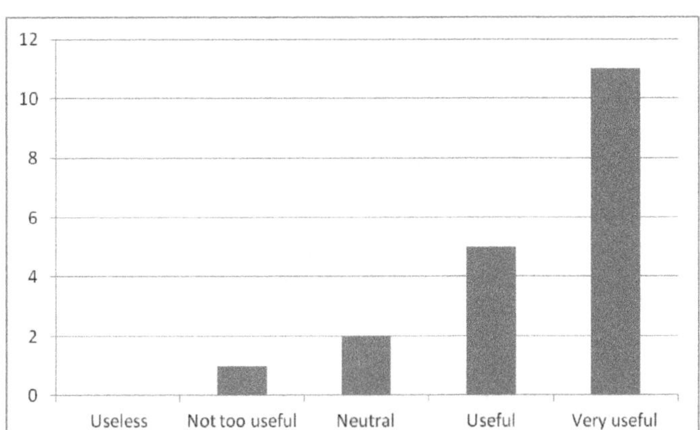

Probing students' perception of Peer Instruction and the clickers further, it was found that none of the students (*n* = 19) had used clickers before. One short answer question asked the students to compare flash cards with clickers – 'which system do you think was best and why?' Of 18 responses, fifteen students preferred clickers, whereas the remaining considered the two equivalent. Students' reasons for preferring clickers were the graphical display, efficiency, anonymity, and that it was fun (Figure 4).

Figure 4: Frequency of reasons given by students as to why they preferred clickers to flash cards (n = 18)

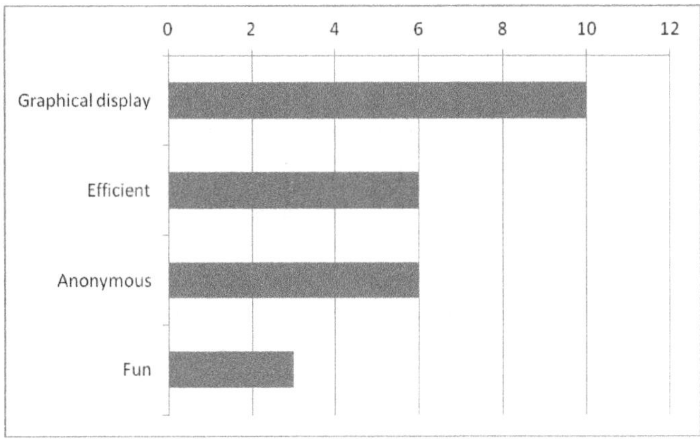

ACTAS **ICONO**14 - Nº 11 VI Simposio Las Sociedades ante el Reto Digital | 05/2013 | ASOCIACIÓN DE COMUNICACIÓN Y NUEVAS TECNOLOGÍAS

C/ Salud, 15 5º dcha. 28013 – Madrid (España) | ISBN: 978-84-15816-04-1 | CIF: G - 84075977 | www.icono14.net/actas

By the end of the course 18 (n = 19) students responded that they thought they would try out Peer Instruction in their own teaching in primary school. In response to their plans for their own teaching (n = 18), students focused on varied teaching methods (6) with active students (3), using experiments/demonstration (10) and Peer Instruction/discussion/questions (4). This supports the well-known reality that teachers teach in the way they were taught themselves. In this project, we see that if the students are taught using research-based methods, this is what they intend to use in their own teaching.

Students were also asked short answer questions about how the physics course was different from other courses students have had at the same institution (n = 19), what worked particularly well in the course (n = 19) and how it could be improved (n = 18). In summary, students indicated that the course was very different from what they were used to. Explicit mentions of what made it different was Peer Instruction (8), varied teaching methods (4), practical work (4), and the pre-work (4); discussions, good course structure and an enthusiastic teacher were all mentioned three times each. What worked particularly well in the physics course were the teacher explanations (Just-in-time-teaching, 7), Peer Instruction (6) and experiments (5). To improve the course, the feedback overwhelmingly focused on having more time to learn physics (11). No other aspects were mentioned more than twice.

Questions that asked students to indicate on a scale from 1 (strongly disagree) to 5 (strongly agree) revealed that no one thought 'the physics course was boring' (mean = 1.50) nor did they agree that a traditional lecture course would have been better (mean = 1.75). The students also felt that 'the physics course helped me understand physics' (mean = 4.30). Overall, students were satisfied with the course (4.25), even though some thought there was a 'bit too much' content (mean = 3.65, where 3 = content ok, 4 = a bit too much content) and a bit too much pre-work (mean = 3.45, where 3 = amount of pre-work ok, 4 = a bit too much pre-work).

8. Discussion

The project reported had two separate aspects: the practical challenges associated with implementation of clickers in a physics course and the response by the students and instructor regarding the perceived value of the clickers as a learning tool for physics.

In terms of the practical implementation of the clickers, the main feature was the necessary preparation from the instructor. This involved receiving an initial introduction by an experienced clicker user, trying it out on her own to identify challenges, and then having a second discussion with the expert to get these particular issues sorted out. The Turning clickers and software were relatively easy to use, so this was sufficient training. Lessons learned resulted in the following recommendations:

- Begin with an introduction to the system by an expert, if possible.
- Try out the system to familiarize yourself with the software. Create a participant list in the software and check that all clickers function properly. Identify questions and challenges.

ACTAS **ICONO**14 - Nº 11 VI Simposio Las Sociedades ante el Reto Digital | 05/2013 | ASOCIACIÓN DE COMUNICACIÓN Y NUEVAS TECNOLOGÍAS

C/ Salud, 15 5º dcha. 28013 – Madrid (España) | ISBN: 978-84-15816-04-1 | CIF: G - 84075977 | www.icono14.net/actas

- Consult the expert with your particular questions and challenges.
- Try out the system in the room where you will use the clickers with your class. If possible, have a trial run with colleagues or a small group of students.
- In class, remember to register the session on the particular participant list you have created for your class.
- During polling, leave the matrix showing who has voted visible on the screen to allow students to check that their vote has been registered.
- Hide the graph for the first poll, before students have discussed the question. Only display the graph after the second poll, and then show both results on one comparison graph.
- This matters most when the question has a right answer, or when there is a large percentage of votes for one response. Showing the results to the students after the first vote may bias their second vote.
- Remember to save the session before closing the software.

9. Conclusions

For both instructors and students, moving from a low-tech CRS (e.g. flashcards) to a high-tech CRS (e.g. clickers) in a PI environment involves primarily getting familiar with the technology and its features. This is facilitated when there is an available consultant who is experienced in clicker use. In terms of perceptions among instructors and students who have previously used flashcards, though initially unfamiliar with clickers, both the instructor and the students took to them instantly and preferred them over flash cards due to the clear and informative graphical display of results, and the efficiency and anonymity they offer. In addition, the students thought the clickers were more fun, and the instructor appreciated the clickers' added benefit of storing the individual responses, which are useful both for teaching and research purposes.

Even though the course covered a large amount of material and a wide variety of topics in a short time, students were satisfied with the flipped classroom approach of the course and highlighted Peer Instruction as the most valuable aspect for learning physics. From the instructor's point of view, the flipped classroom structure removes the stress of having to 'cover' the entire course in class, whereas the Just-in-Time Teaching and Peer Instruction allows her to focus on what the students need her help with the most. This project has thus resulted in at least one converted instructor who will never go back to traditional teaching methods – or flash cards! We hope, in addition, that exposure to research-based instructional strategies will inspire pre-service teachers to implement innovative pedagogies in their own classrooms.

Appendix A

Flashcards - http://cloud.julieschell.com/0s1w1Q1p0O2Q

References

- Dancy, M., & Henderson, C. (2010). Pedagogical practices and instructional change of physics faculty. *American Journal of Physics, 78*(10), 1056. doi:10.1119/1.3446763

- Heron, Paula, Shaffer, P. S., & McDermott, L. C. (n.d.). Identifying and addressing student conceptual difficulties: An example from introductory physics. National Academy Press. Retrieved from http://www7.nationalacademies.org/bose/Heron_CommissionedPaper.pdf.

- Lasry, N. (2008). Clickers or Flashcards: Is There Really a Difference? *Physics Teacher, 46*, 242–244. doi:Article.

- Mazur, E. (1997). *Peer instruction: A user's manual.* Upper Saddle River, New Jersey: Prentice Hall.

- Novak, G., Patterson, E., Gavrin, A., & Christian, W. (1999). *Just-in-Time Teaching: Blending active learning with web technology.* New Jersey: Prentice Hall.

- Schell, J., Lukoff, B., & Mazur, E. (2013). Catalyzing Learner Engagement Using Cutting-Edge Classroom Response Systems in Higher Education. In C. Wankel & P. Blessinger (Eds.), *In Increasing Student Engagement and Retention Using Classroom Technologies Classroom Response Systems and Mediated Discourse Technologies* (Vol. 6E, pp. 233–261). Emerald Group Publishing Limited.

ACTAS **ICONO**14 - N° 11 VI Simposio Las Sociedades ante el Reto Digital | 05/2013 | ASOCIACIÓN DE COMUNICACIÓN Y NUEVAS TECNOLOGÍAS

C/ Salud, 15 5° dcha. 28013 – Madrid (España) | ISBN: 978-84-15816-04-1 | CIF: G - 84075977 | www.icono14.net/actas

ENTRE LO CRUDO Y LO COCIDO DE LOS DISCURSOS SOBRE TIC EN UN DOCUMENTO DEL MINISTERIO DE EDUCACIÓN DE LA REPÚBLICA ARGENTINA

Lucas Bang

Profesor Adjunto Regular de Cultura y Tecnología Educativa

Unidad Académica Caleta Olivia. Universidad Nacional de la Patagonia Austral. Ruta Nacional N 3 S/N. Caleta Olivia. Santa Cruz. Argentina CP9011 : + 54 02974854888 Email: lbang@uaco.unpa.edu.ar

Resumen

Este artículo aborda la relación que se entreteje entre la comunicación, la educación y las TIC en los "Propósitos de la incorporación de las tecnologías de la información y la comunicación en la formación docente" que el Ministerio de Educación de la República Argentina diseño como parámetro para la formación docente en TIC. Para ello se analizan fragmentos del documento tratando de entrever lo dicho y lo no dicho de una política educativa que apunta a modificar las formas de ser/hacer de los sujetos educativos, donde las tecnologías son generadoras de consignas y por ende productoras de visiones sobre el mundo lo que permite legitimar la transformación de la educación y de sus sujetos.

Este trabajo no tiene la intención de referir a la evidencia de la masificación de las TIC ni al uso didáctico de las mismas por demás discutido en la bibliografía, sino que por el contrario la pregunta, de sentido foucaultiana, que nos orienta refiere a cómo el documento nos interroga para preguntarnos o encauzarnos en sentido de cómo tenemos que ser y hacer en la sociedad del conocimiento.

Palabras clave

Comunicación, educación, tecnología, dispositivo, competencia, participación.

Abstract

This article discusses the relationship between communication weaves, education and ICT in the "Purpose of the incorporation of information technology and communication in teacher education" that the Ministry of Education of Argentina as a design parameter for teacher training in ICT. We examine the document fragments trying to glimpse what is said and not said in an education policy aimed at changing ways of

ACTAS **ICONO**14 - Nº 11 VI Simposio Las Sociedades ante el Reto Digital | 05/2013 | ASOCIACIÓN DE COMUNICACIÓN Y NUEVAS TECNOLOGÍAS
C/ Salud, 15 5º dcha. 28013 – Madrid (España) | ISBN: 978-84-15816-04-1 | CIF: G - 84075977 | www.icono14.net/actas

being / doing educational subjects, where technologies are generating slogans and thus producing visions of the world allowing legitimize the transformation of education and its subjects.

This paper is not intended to refer to the evidence of the mass of ICT training or the use thereof by others discussed in the literature, but instead the question of Foucault sense, that guides us refers to how the document to ask us questions or encauzarnos in terms of how we need to be and do in the knowledge society.

Key words

Communication, education, technology, equipment, competence, participation.

1. Introducción

Este trabajo forma parte de un proyecto de investigación doctoral denominada "la relación entre la comunicación mediada por TIC y el dispositivo pedagógico en el acceso y transmisión de la cultura". Su parte a la totalidad del trabajo de investigación ilustra el sentido que el documento configura en relación a los docentes, los alumnos, las tic y el saber en el marco de una sociedad del conocimiento.

2. Objetivos

- Comprender a los documentos desde la noción del dispositivo de Foucault.
- Analizar los enunciados del mismo y comprender una forma de como las TIC esta siendo en la provincia de Santa Cruz.

3. Metodología

La misma consiste en poder utilizar herramientas del análisis del discurso en el documento de nación para poder comprender y presentar la relación entre la comunicación, las TIC y la educación en el documento comparando con datos empíricos de la provincia de Santa Cruz recolectados en un proyecto de investigación finalizado en el 2010.

4. Introducción

Nadie puede negar la presencia de las tecnologías de la información y la comunicación en la sociedad al igual que la diferencia entre lo que se dice y lo que se hace en torno a esta presencia. Es decir, entre lo crudo y lo cocido, la inclusión de la TIC esta siendo pero a veces hay que entender lo que se esta diciendo en los documentos ministeriales, entendidos como un dispositivo en el sentido de Foucault (1976), que busca producir sujetos, formas de ser/hacer, los cuales están siendo llamados a cambiar.

ACTAS **ICONO**14 - Nº 11 VI Simposio Las Sociedades ante el Reto Digital | 05/2013 | ASOCIACIÓN DE COMUNICACIÓN Y NUEVAS TECNOLOGÍAS

C/ Salud, 15 5º dcha. 28013 – Madrid (España) | ISBN: 978-84-15816-04-1 | CIF: G - 84075977 | www.icono14.net/actas

En ese escenario, las TIC son presentadas como una marca productora de esa huella, generadora de otros discursos, de otras realidades sobre el mundo. Este simposio se denomina las sociedades ante el reto digital pero de ¿qué se trata ese reto?,¿de achicar brechas?, ¿de contar desarrollos?, ¿logros? ¿ nuevas formas y nuevos contenidos? O se tratará entonces de comprender como la comunicación y la educación en relación con la tecnología proponen un tiempo por venir donde el saber ya no reside sólo en la escuela, donde no hay un solo saber y con la premisa de una sociedad del conocimiento con nuevas formas de ser y hacer

Los   aportes de la informática, de la ingeniería en telecomunicación y de la cibernética permitieron que el proceso de formación del término comunicación extienda su sentido hacia territorios cercanos a la tecnología; como las maquinas para crear otro ambiente. Philippe Bretton (1999) describe en *la utopía de la comunicación* que esta nueva extensión del término hacia la tecnología muestra la representación del hombre como ser comunicativo, que está estrechamente asociada a la metáfora que establece un vínculo entre el cerebro humano y la computadora. Nos reconocemos como cuerpos; nuestros procesos mentales se originan en el razonamiento concebido como cálculo. (Bretton 1999 op.cit 58).

La configuración de un nuevo escenario se fue dando con los aportes de la comunicación instrumental, de la neurociencia, el cognitivismo y la inteligencia artificial. La huella de la cibernética de Wiener (1942) con su obra "Los usos humanos de los seres humanos" que versa sobre la relación entre la informática y la sociedad marca una huella.   Los neurofisiológicos Warren MCCulloch y el lógico Walter Pitts (1943) con su teoría de las redes neuronales, aseguran que el pensamiento era producto de la actividad del cerebro el cual estaba ligado al funcionamiento "en red" de las neuronas refiere a poder calcular, predecir; y en la ingeniería electrónica y matemática de Shannon (1948) propone un esquema general de comunicación o conocida como teoría matemática de la información donde lo natural es que la información circule.

Estos discursos construyen un marco de referencia que hacia finales del siglo XX impulsan una nueva idea de desarrollo que reactualiza la posición relacional entre la educación y el capital humano con los aportes de la comunicación y la información sobre nuevos tipos subjetivos, donde todo puede ser predecible, manipulable, donde la verosimilitud se pone en duda constantemente. En consecuencia entendemos a los documentos como una cartografía del presente que se intentan ocupar del futuro. Dejar el surf, dejar la playa y pasar al terreno es intentar fugarse de una forma de entender a la información, la comunicación y la tecnología; y fugarse en sentido deleziano es una práctica incansable.

ACTAS **ICONO**14 - Nº 11 VI Simposio Las Sociedades ante el Reto Digital | 05/2013 | ASOCIACIÓN DE COMUNICACIÓN Y NUEVAS TECNOLOGÍAS
C/ Salud, 15 5º dcha. 28013 – Madrid (España) | ISBN: 978-84-15816-04-1 | CIF: G - 84075977 | www.icono14.net/actas

4.1. Lo crudo de la tecnología, la información y la comunicación

Si la información ha sido materializa como valor de cambio no sólo desde lo económico sino también desde lo cultural; junto a la comunicación y la ingeniería en tele comunicaciones han ido desarrollando nuevas tecnologías y funciones como la portabilidad y la polivalencia de objetos TIC (celulares, cámaras, plataformas web, etc) que van dando forma a un nuevo mundo. Este mundo que para Rose (2007) paso de vigilar y castigar a detectar e intervenir busca constantemente hacernos participe y hasta casi gestores del cambio al darnos la consigna de la autonomía muchas veces disfrazada bajo la idea del "tu puedes", "todo depende de ti".

Preguntarse por lo crudo implica analizar a los otros y las situaciones macrosociales que se están viviendo. Preguntas del tipo ¿qué comunicación?, ¿para qué desarrollo? Nos interrogan y nos hacen participes del cambio. **Por ejemplo el documento expresa que** *"una vez perfilado el espacio social que ocupan las tic, cabe focalizar sobre su delimitación en el campo de la formación docente"* **(Pag 132)** pero ¿cuál ese espacio social que expresan los documentos? ¿Qué escenarios construyen? Cómo se enhebra, como se teje la red que da sentido a la incorporación de las tic en el espacio social.

Tabla 1: Para qué usan la computadora los docentes y los alumnos en casa

Para que utilizan la computadora	Docentes	Estudiantes
Vinculado al uso de las tareas escolares/profesión	81,2%	9,4%
Vinculadas a la comunicación "virtual"	2%	33,9%
Vinculadas a los juegos	0	16,4%
Vinculadas a buscar información	8,9%	24,5%
No responde	7,8	6,4

La pregunta cómo está siendo esa incorporación nos sitúa en una toma de postura, en una decisión política: ¿la tecnología como medio o como fetiche?, como ¿sujeto o como objeto?. La información ¿cómo valor de cambio o solo cómo información? y la comunicación ¿cómo una nueva forma de participación en el ciclo capitalista o por el solo hecho de estar en contacto?

Si la tecnología parece ser el nuevo sujeto de la historia donde el hombre se vuelve objeto y poco puede hacer para modificarlos, más que gozar de sus ventajas; la información es vista como materia prima, como consigna de estar informado y como recolección de datos para producir "algo" que inseparable de la comunicación ambas forman parte de un proceso de redundancia que tiene dos formas: frecuencia (significancia de la información) y resonancia (subjetividad de la comunicación). Es decir, no hay significancia independiente de las significaciones dominantes, y no hay subjetivación independiente de un orden establecido de sujeción. En consecuencia, como lo expresa el documento *"estas tecnologías ocupan una lugar de relevancia en la vida social formando parte de la cultura cotidiana de los sujetos tanto para el desarrollo de actividades laborales y estudiantiles como ocupando el lugar privilegiado del ocio y recreación. "* (Pag 131).

ACTAS **ICONO**14 - Nº 11 VI Simposio Las Sociedades ante el Reto Digital | 05/2013 | ASOCIACIÓN DE COMUNICACIÓN Y NUEVAS TECNOLOGÍAS
C/ Salud, 15 5º dcha. 28013 – Madrid (España) | ISBN: 978-84-15816-04-1 | CIF: G - 84075977 | www.icono14.net/actas

Tabla 2: ¿Qué hacen los alumnos en sus tiempos libres?

Deportivas	10,6
Recreativas	31,8
Amistad	6,3
Consumir medios	18
Uso de tecnología	10
Tareas escolares	7

Si miramos la tabla 1 la gran diferencia radica en los usos en las casas por parte de docentes y alumnos. En el caso de los docentes los usos vinculados a la profesión su ubica por encima de las demás actividades con un 81,2 %. Pareciera que estamos en presencia de docentes que usan la computadora en sus casas como una herramienta de trabajo. En cambio en los alumnos, el mayor uso se concentra en las actividades vinculadas a la comunicación virtual con un 33.9%, seguido por actividades vinculadas a buscar información y luego a los juegos. Sobre este último punto es necesario decir que constituye un modo de comunicación habitual en las sociedades globalizadas, lo que no supone el reemplazo del contacto personal, como se suele aludir nostálgica y apocalípticamente. Ambas formas –virtuales y corporales - conviven y construyen subjetividades, lenguajes, signos, etc. Ahora bien si miramos la tabla 2 observamos que un 48,7% de los alumnos realizan actividades que no requieren el uso de las tecnologías (amistad, recreativas y deportiva) y solo un 18% se consume/usa tecnología en su tiempo. En consecuencia, hay aquí cosas cocidas y crudas en los enunciados sobre los usos y el espacio social de las TIC.

5. Lo cocido de la comunicación y la educación en los documentos

Las bibliografías nos indican una relación entre TIC y educación, nos hablan de un saber que no esta solo en la escuela y que en torno a las tic produjo un desplazamiento donde el dominio parece que no es solo de la informática, es decir, de las cuestiones operativas y instrumentales porque las Tic son todos los medios posibles y los que van a venir.   Cómo lo expresa el documento *"Es necesario tener habilidades y destrezas para utilizar las redes y la computadora como herramientas para potenciar el aprendizaje y la enseñanza., pero estas competencias se adquieren básicamente en la vida cotidiana".*(Pag 138)

Mas allá de naturalizar las diferencias, la necesidad de potenciar la enseñanza y el aprendizaje por fuera de la escuela se apoya en la sociedad del conocimiento, donde los hay de distintos

ACTAS **ICONO**14 - Nº 11 VI Simposio Las Sociedades ante el Reto Digital | 05/2013 | ASOCIACIÓN DE COMUNICACIÓN Y NUEVAS TECNOLOGÍAS

C/ Salud, 15 5º dcha. 28013 – Madrid (España) | ISBN: 978-84-15816-04-1 | CIF: G - 84075977 | www.icono14.net/actas

tipos, más allá del científico, como las habilidades prácticas y la experiencia. El saber hacer, el saber procedimental se presenta como importante, necesario al igual que el actitudinal.

Las pedagogías de la competencia en educación y las de la participación en comunicación encuentran en la proposición de Hayek el reto a cumplir que, "si bien en la vida real nadie posee un conocimiento perfecto (condición central para el funcionamiento del mercado), sí posee la capacidad y habilidad para buscar información, constituyéndose en aspectos claves para la tomar decisiones y planificar acciones." Así la información es conocimiento sólo si es comunicada y utilizada. La producción de conocimiento parece comprender no sólo descubrir, inventar, designar, planificar sino también difundir y comunicar. Abril (1997) planteo que la estructura del intercambio es dato + información = comunicación (intercambio). En consecuencia, este esta etapa del capitalismo se busca una producción de conocimiento aggionarda, adecuada, para *"sociedades rápidamente cambiantes, la validez de la información resulta efímera y por lo tanto se requieren nuevas herramientas y estrategias para el desarrollo del conocimiento."* **(Pag 131)**

En estas sociedades ubicuas las personas mantienen una comunicación en movimiento, gracias a la utilización y dependencia cada vez mayor de complejos dispositivos digitales que nos llevan a un estado en el que vivimos moviéndonos entre el "mundo real" y el "mundo digital". En el documento se dice que hay que producir la capacidad para identificar, producir, tratar, transformar, difundir y utilizar información con vistas a crear y aplicar conocimientos necesarios para el desarrollo humano. Todo esta en nosotros, solo debemos saber buscar para encontrarnos. La consigna es buscarse, cambiar porque sino cambias, desapareces. Los enunciados conforman verdaderas prácticas capaces de expresar y promover mutaciones en las personas (Foucault. 1999, pp. 115-117)

Las discusiones sobre la educación y capital humano son tomadas de nuevo desde la comunicación y las tecnologías. El 'discurso del cambio' en el documento se presenta con características notoriamente normativas, orientando ciertas formas de transformación como las únicas posibles, interpelando las identidades de los docentes, alumnos y sus prácticas. El epocalismo (DU GAY, 2003; DU GAY, 2007) refiere a un esquema justificatorio que establece dualidades y oposiciones entre un pasado y un presente, remarcando la oposición y discontinuidad. Mediante el desarrollo de descripciones factuales de la realidad, se refuerzan estas diferencias, lo que sirve para argumentar orientaciones altamente prescriptivas para sujetos, organizaciones y comunidades (DU GAY, 2003). Estos documentos se enrolan en esa línea epocalista[1] donde tecnología y cambio permiten la homogeneidad, instalando a objetos, dispositivos y personas en una misma dimensión, en un mismo tipo de proceso. De modo que el docente forma parte del proceso de enseñanza y aprendizaje al igual que el alumno, donde las tecnologías son la parte importante de esa nueva forma.

|1.Ver Vicente Sisto y Carla Fardella. "Nuevas políticas públicas, epocalismo e identidad: el caso de las políticas orientadas a los docentes en Chile" REU, Sorocaba, SP, v. 37, n. 1, p. 123-141, jun. 2011

ACTAS **ICONO**14 - Nº 11 VI Simposio Las Sociedades ante el Reto Digital | 05/2013 | ASOCIACIÓN DE COMUNICACIÓN Y NUEVAS TECNOLOGÍAS

C/ Salud, 15 5º dcha. 28013 – Madrid (España) | ISBN: 978-84-15816-04-1 | CIF: G - 84075977 | www.icono14.net/actas

6. Conclusiones

La problematización que vemos entre las tecnologías, la educación, la información y la cultura en el presente se inscribe desde la reconfiguración de lo discursivo y lo visible de formas de vida de los sujetos. Por lo tanto, la relación que se da entre enunciados y acciones no se resuelve únicamente con indicar que el lenguaje se realiza en medio de condiciones sociales bien específicas. Hace falta involucrar a esa fórmula la idea de que los enunciados y el poder son las formas articuladas de toda codificación y determinación política. Como diría Foucault, no hay relaciones de poder sin la constitución correlativa de enunciados, ni enunciados que no supongan, en mayor o menor grado, relaciones de poder (2000, p. 32)

La consigna de los discursos sobre TIC en el documento sitúan a una escuela capaz de innovarse y promover nuevas competencias en los sujetos porque el saber se ha expandido, ramificado y la competencia es "tanta" que se necesita reestructurar a la sociedad en lo cultural y lo económico desde la información, la tecnología y la comunicación. Si no se produce la permeabilidad, es decir, si los discursos no hacen del todo el efecto "cambio", el contexto enunciativo tilda de "desactualizadas"   las prácticas de la institución escolar que genera una manera de organizar los procesos de socialización, de habilitación, de transmisión y uso de conocimientos para funcionar cotidianamente.

Las rupturas y continuidades sobre el saber no se encuentran solo en el plano superficial de la red, al navegar, al surfear la superficie de las cosas como plantean Barrico (2006), Huergo (2009), al ser un ser informacional, sino también en la profundidad de las cosas, en la minería de datos y en la construcción no lineal hecha sobre la base del calculo y la conducta[2]. Superficie y profundidad del campo en relación con la tecnología y sus efectos en las formas del ser/hacer son los polos; comprender el continuun nos permitirá un acceso al saber.

Referencias

- Breton, P. (1997). La utopía de la comunicación. Ediciones Nueva Visión. Buenos Aires.
- Deleuze, G., (1995) "Deseo y placer", en Archipiélago, 23, pp. 12 - 20.
  González, F. (2003) Michel Foucault: el biopoder y la reproducción de la vida cotidiana. Comunicación presentada en Ecoconcern, Barcelona.
- Du Gay, P. (2003) The tyranny of the epochal: change, epochalism and organizational reform. Organization, v. 10, n. 4, 663-684.
- Grinberg S. (2008). Educación y poder en el siglo XXI. Gubernamentalidad y pedagogía en las sociedades de gerenciamiento. Ed. Miño y Dávila. Bs. As. – Argentina.
- Guatari, F (1992). Caosmosis. Ediciones Manatiales. Buenos Aires
- Martín-Barbero, J./ G.Rey (1999) Los ejercicios del ver. Editorial: Gedisa, Barcelona

---

[2] El estereotipo contiene: cálculo, conducta y visibilidad.

ACTAS ICONO14 - Nº 11 VI Simposio Las Sociedades ante el Reto Digital | 05/2013 | ASOCIACIÓN DE COMUNICACIÓN Y NUEVAS TECNOLOGÍAS

C/ Salud, 15 5º dcha. 28013 – Madrid (España) | ISBN: 978-84-15816-04-1 | CIF: G - 84075977 | www.icono14.net/actas

- Martuccelli, D (2002).Gramáticas del individuo. Editorial LOSADA. Buenos Aires
- Ministerio de Educación de la Nación de la República Argentina (2009). Documento "Propósitos de la incorporación de las tecnologías de la información y la comunicación (TIC) en la formación docentes."

DISEÑO DE UN ESPACIO VIRTUAL CON RECURSOS TECNOLÓGICOS PARA EL DESARROLLO DE COMPETENCIAS TIC

Fernando Iriarte Díaz-Granados

PhD. Profesor Investigador

Instituto de Educación.

Universidad del Norte. Km 5 Vía Puerto Colombia. Barranquilla. Colombia. Tel. 5753509799. firiarte@uninorte.edu.co

Carmen Ricardo

Jefe Departamento Educación

Instituto de Educación. Universidad del Norte. Km 5 Via Puerto Colombia. Barranquilla. Colombia. Tel. 5753509799. cricardo@uninorte.edu.co

Elias Said-Hung

PhD. Profesor Investigador

Universidad del Norte. Tel. 5753509919. saide@uninorte.edu.co.

Daladier Jabba Molinares

PhD. Profesor Investigador

Universidad del Norte. Departamento de Ingeniería de Sistemas. Tel. 5754309115. djabba@uninorte.edu.co.

Blessed Ballesteros

Mg. Profesor.

Universidad del Norte. Centro de Excelencia Docente. Tel. 5753509470. bballest@uninorte.edu.co.

Daniel Salas

Mg. Decano Facultad de Ingeniería

Universidad de Córdoba. Carrera 6 No. 76-103. Montería. Colombia. Tel. 57(4) 7904050. dajosalas@gmail.com

Eliana Vergara

Mg. Auxiliar de investigación.

Universidad del Norte. Instituto de Estudios en Educación. Tel. 5753509293. eliana.pvc@gmail.com.

Mónica Ordoñez

Mg. Auxiliar de investigación

Universidad del Norte. Instituto de Estudios en Educación. Tel. 5753509293. celestina14@gmail.com.

ACTAS **ICONO**14 - Nº 11 VI Simposio Las Sociedades ante el Reto Digital | 05/2013 | ASOCIACIÓN DE COMUNICACIÓN Y NUEVAS TECNOLOGÍAS

C/ Salud, 15 5º dcha. 28013 – Madrid (España) | ISBN: 978-84-15816-04-1 | CIF: G - 84075977 | www.icono14.net/actas

Resumen

El documento que aquí se presenta es el resultado de una alianza de grupos de investigación en el campo de las tecnologías y la educación interesados en motivar y fomentar la utilización de las Tecnologías de la Información y las Comunicaciones en la práctica pedagógica universitaria. La revisión de la literatura sobre este tema indica que a pesar de la importancia que los docentes en la educación superior le atribuyen a este tipo de herramientas, no parece ser frecuente y sistemático el uso adecuado de estos recursos tecnológicos. Por esa razón se planeó el diseño y estructuración de un espacio virtual donde los docentes pudieran encontrar una serie de recursos educativos digitales que pudieran utilizar con facilidad en sus aulas y además contaran también con prototipos de actividades de aprendizaje que les sirvieran de modelo para utilizar dichos recursos en la formación de competencias TIC y profundización del conocimiento, siguiendo los aportes de la UNESCO y de la Sociedad Internacional de Tecnologías en Educación (ISTE). Además de estas posibilidades, los docentes encuentran en el espacio una selección de repositorios de recursos educativos digitales para quienes quieran buscar recursos adicionales a los que dispone el espacio y una selección de recursos web que también puedan aplicar en sus cursos. La creación del espacio fue auspiciado por el Ministerio de Educación Nacional a través de una convocatoria promulgada en el año 2011.

Palabras clave

Recursos educativos digitales, competencias TIC, educación superior, tecnología y educación, actividades de aprendizaje, recursos web.

Abstract

The document presented the result of an alliance of research groups in the field of education for motivate and encourage the use of ICT in university teaching practice. The review of the literature on this topic indicates that despite the importance of teachers in higher education attributed to these tools, there are frequent and systematic proper uses of these technological resources. For that reason, we design and structure of a virtual space where teachers could find a number of digital educational resources that could be use in their classrooms for promote their ICT skills about access to knowledge, following the standards proposed by UNESCO and the International Society for Technology in Education (ISTE). The creation of space was sponsored by the Ministry of Education through a call issued in 2011.

ACTAS ICONO14 - Nº 11 VI Simposio Las Sociedades ante el Reto Digital | 05/2013 | ASOCIACIÓN DE COMUNICACIÓN Y NUEVAS TECNOLOGÍAS

C/ Salud, 15 5º dcha. 28013 – Madrid (España) | ISBN: 978-84-15816-04-1 | CIF: G - 84075977 | www.icono14.net/actas

Keywords

Digital educational resources, ICT skills, higher education, technology and education, learning activities, web resources.

1. Introducción

Teniendo en cuenta que las TIC generan nuevos lenguajes y formas de representación, y facilitan la creación de nuevos escenarios de aprendizaje, las instituciones educativas no pueden permanecer al margen, deben conocer y utilizar estos nuevos lenguajes y formas de comunicación. Es perentorio que las instituciones educativas se apropien de recursos, formen responsablemente a sus docentes en el uso de los nuevos medios y creen las condiciones para que sus alumnos se beneficien por igual, tengan igualdad de oportunidades.

El Espacio Virtual de Recursos Educativos (EVRE) surge como resultado de un proyecto en el que la universidad del Norte y la universidad de Córdoba trabajan conjuntamente a partir de la necesidad de contribuir a una mayor y mejor utilización de las Tecnologías de Información y Comunicación por parte de los docentes de las Instituciones de Educación Superior. Se trata de poner a disposición de dichas instituciones un espacio virtual con recursos tecnológicos debidamente clasificados y con ejemplos de actividades de aprendizaje modelo para el desarrollo de competencias TIC.

El proyecto incluyó un estudio inicial sobre la percepción que sobre las Tecnologías de la información y las Comunicaciones tienen los docentes de Instituciones de Educación Superior de la región Caribe colombiana y el nivel de utilización que hacen de ellas en el aula, estudio sobre el que este documento no se ocupa en esta oportunidad.

Los resultados de este estudio sirvieron de base para estructurar algunos de los contenidos y formas del espacio virtual, que es el tema central del presente documento.

2. Objetivo General

Diseñar un espacio virtual con recursos tecnológicos para el desarrollo de competencias TIC para la profundización del conocimiento en docentes de educación superior de Colombia

2.1. Objetivos Específicos

- Ofrecer a los docentes universitarios de Región Caribe una serie de recursos educativos digitales para enriquecer su práctica pedagógica.
- Proponer a los docentes universitarios de Región Caribe modelos de actividades de aprendizaje que les facilite la utilización de recursos educativos digitales en el aula.
- Brindar a los docentes universitarios de Región Caribe herramientas web para enriquecer su práctica pedagógica.

3. Metodología

El trabajo es un proyecto científico-técnico que implicó, en primera instancia, una revisión de bases de datos y publicaciones relacionadas con programas de formación docente de educación superior para el desarrollo de las competencias TIC y el acceso a materiales educativos en formato digital, en este orden de ideas se realizó un diagnóstico de las percepciones y usos de las TIC en el ejercicio docente de Educación Superior de la Región Caribe Colombiana por medio de un cuestionario habilitado a través de Internet, socializado entre los miembros de la población de estudio y posteriormente se ha efectuado el diseño y prueba del espacio virtual habilitado con 100 recursos digitales. En síntesis los pasos realizados fueron los siguientes:

- Identificación de recursos tecnológicos que permitieran incentivar el desarrollo de las competencias TIC
- Clasificación de los recursos tecnológicos que promuevan el desarrollo de las competencias TIC para profundización del conocimiento.
- Desarrollo de actividades de aprendizaje modelo para la utilización adecuada de los recursos tecnológicos.
- Diseño gráfico, estructural y comunicativo del espacio virtual
- Prueba del espacio virtual

Un aspecto central del desarrollo de un sitio web es la usabilidad del mismo, dado que independientemente del contenido que se aloje en el sitio, el cual puede tener la mayor relevancia, la facilidad para acceder y navegar en el mismo determina cómo será recibida y cómo serán utilizados por los usuarios. Por esta razón se ha considerado de la mayor importancia garantizar la usabilidad del Espacio EVRE mediante la aplicación de los instrumentos que a continuación se presentan, realizando el análisis, las pruebas y la valoración del sitio. Los instrumentos han sido adaptados de los propuestos por el doctor David Travis en su página http://userfocus.co.uk/resources/guidelines.html.

Se han considerado pertinentes por lo completo y práctico de su aplicación, acordes con las mejores prácticas de la actualidad. Los instrumentos fueron los siguientes:

- Instrumento para el análisis de usabilidad
- Instrumento para analizar la retroalimentación y la tolerancia de errores
- Instrumento para evaluar la compatibilidad del sitio con las tareas de los usuarios

ACTAS **ICONO**14 - Nº 11 VI Simposio Las Sociedades ante el Reto Digital | 05/2013 | ASOCIACIÓN DE COMUNICACIÓN Y NUEVAS TECNOLOGÍAS

C/ Salud, 15 5º dcha. 28013 – Madrid (España) | ISBN: 978-84-15816-04-1 | CIF: G - 84075977 | www.icono14.net/actas

4. Marco conceptual

4.1. *Tecnologías de la información y la Comunicación (TIC) en la Educación.*

Lo vertiginoso de los cambios que implica esta nueva era en todas las dimensiones de la vida del hombre requiere de la imperiosa necesidad de la formación de los profesionales del medio audiovisual y de los usuarios y público en general en los avances tecnológicos. Muchas veces una nueva tecnología se enfrenta con fuertes obstáculos porque el público no la comprende ni detecta su necesidad inmediata y el plan de su introducción sólo se pensó como correcto en la mente de los diseñadores.

Es un fenómeno propio de la globalización, la cual tiene una de sus expresiones más claras en las Tecnologías de la Información y Comunicación, las cuales han permitido superar todo tipo de obstáculos en el mundo de la comunicación, facilitando la interconexión entre las personas, y entre éstas y las instituciones a nivel mundial.

La Sociedad de la Información representa un gran reto para la educación porque tiene sobre ella una fuerte influencia, así lo indican numerosos estudios y documentos auspiciados por grandes organizaciones sociales y científicas internacionales. Como se señala en el "Libro blanco sobre la educación y la formación" de la Comisión Europea (1995), la sociedad del futuro será una sociedad del conocimiento en la que "La educación y la formación serán, más que nunca, los principales vectores de identificación, pertenencia y promoción social. A través de la educación y la formación, adquiridas en el sistema educativo institucional, en la empresa, o de una manera más informal, los individuos serán dueños de su destino y garantizarán su desarrollo" (Comisión Europea, 1995: 16).

Para lograr que en la Sociedad de la Información, el aprendizaje se convierta en la base del desarrollo social, las políticas educativas deben favorecer los sistemas de formación permanente y atender a la igualdad de oportunidades, especialmente a los más desfavorecidos. Actualmente existe, por ejemplo, la necesidad de facilitar el acceso a Internet a toda la población, independientemente de sus condiciones sociales o económicas; lo ideal sería que su acceso llegue a ser parte de su cotidianidad como lo es el teléfono o la televisión. Las instituciones educativas por su parte deben jugar un papel importante en la formación de la población para la apropiación adecuada y útil de estas herramientas.

Sin embargo, el efecto de estas tecnologías puede llegar a ser muy variada. Resulta llamativo que en algunos países de África, por ejemplo, se pueda producir una revolución tecnológica antes de que les alcance la revolución industrial. En todo caso, Internet ha demostrado ser en estos años, sobre todo, una arrolladora fuerza con un gran potencial para actividades liberadoras y creativas, incluso aunque en algunos lugares se encuentre todavía en sus inicios.

ACTAS **ICONO**14 - Nº 11 VI Simposio Las Sociedades ante el Reto Digital | 05/2013 | ASOCIACIÓN DE COMUNICACIÓN Y NUEVAS TECNOLOGÍAS

C/ Salud, 15 5º dcha. 28013 – Madrid (España) | ISBN: 978-84-15816-04-1 | CIF: G - 84075977 | www.icono14.net/actas

Entre los numerosos aspectos en los que nos podemos detener para analizar el impacto de las TIC en las sociedades con un cierto grado de desarrollo, uno de los más trascendentales es el relativo a la educación en sus diferentes modalidades, tanto formal como no formal.

Teniendo en cuenta que las TIC generan nuevos lenguajes y formas de representación, y facilitan la creación de nuevos escenarios de aprendizaje, las instituciones educativas no pueden permanecer al margen, deben conocer y utilizar estos nuevos lenguajes y formas de comunicación. Es perentorio que las instituciones educativas se apropien de recursos, formen responsablemente a sus docentes en el uso de los nuevos medios y creen las condiciones para que sus alumnos se beneficien por igual, tengan igualdad de oportunidades.

La integración de las TIC en la educación implica, según (García-Valcárcel, 2008, para.63):

> "tener en cuenta la relación que ha de establecerse entre el uso de nuevos medios y la innovación educativa. Algunos trabajos han tratado de identificar las fases en el uso de las TIC. La diferenciación de las sucesivas etapas por las que pasa el profesor en la integración de las TIC puede resultar de utilidad tanto para hacer diagnósticos de las situaciones en las que nos encontramos como para diseñar estrategias formativas".

Sin embargo, según la OCDE (2003:79) existe una fuerte tensión entre los currículos tradicionales, basados en contenidos bien definidos que el alumnado debe aprender y saber reproducir y el enfoque abierto que promueven las TIC. Los tipos y modos de estructuración del pensamiento de los sujetos que actúan con materiales electrónicos tendrán que ser necesariamente distintos de los que poseen los lectores habituales de documentos escritos. Es indudable que el empleo en la escuela de estos nuevos recursos implicará una mayor integración de la institución escolar en el contexto de la sociedad de la información o era digital. Se trata de escolarizar las tecnologías, llevarlas a las aulas y darles sentido y utilidad pedagógica.

En ese sentido, Logan (1995) citado por Alberdi (2000:2) sostiene que:

> "La escuela del modelo de la sociedad y de la economía de la industrialización, organizada originalmente como fábrica, forma alumnos en forma estandarizada, en dónde hay una edad para la educación y una edad posterior que integra a los graduados en el sistema de trabajo. Esto, en la actualidad, está en crisis porque existe una necesidad de una educación continua para estar integrado en el mundo laboral; hoy ya no se puede hablar de una escisión entre trabajo - educación o educación-trabajo. Las TIC están forzando una transición en el sistema educativo que pone en evidencia la necesidad de un aprendizaje continuo a lo largo de la vida que permita adquirir competencias cognitivas ante los rápidos cambios tecnológicos. Uno de los interrogantes que se plantea es cómo las computadoras cambian nuestros modos de comunicación, procesar información, aprendizaje, educación y trabajo".

ACTAS **ICONO**14 - Nº 11 VI Simposio Las Sociedades ante el Reto Digital | 05/2013 | ASOCIACIÓN DE COMUNICACIÓN Y NUEVAS TECNOLOGÍAS

C/ Salud, 15 5º dcha. 28013 – Madrid (España) | ISBN: 978-84-15816-04-1 | CIF: G - 84075977 | www.icono14.net/actas

La potencialidad educativa que tienen los recursos educativos digitales, pedagógicamente orientados, están en capacidad de impactar positivamente cualquiera de los niveles de la educación, pues comportan características que motivan su utilización. Como señala (Valcárcel, 2008: para. 93), "se ha reconocido que el empleo de los recursos TIC en los alumnos puede tener un alto poder motivador" porque, entre otras características, poseen un carácter lúdico, predomina en ellos el componente icónico, son dinámicos e interactivos, permiten crear informaciones, compartir con otros sus producciones, retan el pensamiento, la toma de decisiones y permiten una continua realimentación de los logros conseguidos junto con un alto grado de refuerzo positivo de los aprendizajes.

Las ventajas en la incorporación de las TIC a los procesos educativos han sido colocadas de manifiesto desde diferentes autores (Valdez & otros, 1999; Marquès, 2000; Cox & otros, 2003), aportes que han permitido reconocer la inclusión y la implementación de las TIC como herramientas de flexibilización que favorecen la participación activa de los estudiantes en sus procesos de aprendizaje.

En este orden de ideas, se han propuesto diversas clasificaciones con la intención de definir los usos de las TIC en los contextos educativos e integrarlas en los procesos de enseñanza aprendizaje, Galvis (2004) plantea tres objetivos fundamentales relativos a la utilización de las TIC en los ambientes de aprendizaje:

- Apoyar la transmisión de información utilizando tutoriales, ejercitadores y sitios web informativos.
- Facilitar el aprendizaje activo mediante la experimentación con los objetos de estudio a través de simuladores de procesos, calculadoras, competencias, navegadores y herramientas de productividad.
- Facilitar la interacción mediante actividades en redes colaborativas y herramientas sincrónicas y asincrónicas.

Para lograr un entendimiento de las TIC, se debe primero intentar un acercamiento a la conceptualización de tecnologías de la Información y la Comunicación, Information Technology Association of America (ITAA) las define como "el estudio, diseño, desarrollo, implementación, soporte y administración de los sistemas de información basados en computadoras, en particular sus aplicaciones de software y hardware" (2009: 30), así como el "uso de las computadoras electrónicas y sus programas para la conversión, almacenamiento, procesamiento, transmisión y seguridad sumados a los medios de comunicación que ofrecen" (2009:30), lo que permite reconocer que las TIC logran la integración de elementos y técnicas para el proceso de transmisión de la información en contextos comunicacionales. Se ha logrado integrar las TIC a contextos pedagógicos que facilitan el proceso de enseñanza/aprendizaje, en los cuales los estudiantes son el centro y eje de las didácticas activas.

Para Cabero, (1998) las características esenciales de las Tecnologías de la Información y la Comunicación, son su inmaterialidad, interactividad e interconexión, instantaneidad, elevados parámetros de calidad de imágen y sonido, digitalización, influencia más sobre los procesos que sobre los productos, penetración en todos los sectores, innovación, tendencia hacia automatización y diversidad, lo que permite hablar de las tecnologías no sólo como herramientas aisladas sino en un contexto interactivo, que se refleja en nuevas realidades comunicativas y nuevas formas y medios para transmitir información.

En relación a lo anterior, se vislumbra la ampliación de los escenarios educativos, los cuales implican desafíos técnicos y pedagógicos, a los que los docentes y estudiantes deben responder y adaptarse, no sólo en la adquisición de conocimientos específicos, sino asumiendo las implicaciones comunicativas en los procesos de enseñanza aprendizaje. (Adell, 1997).

El impacto de la integración de las TIC a los procesos educativos, depende en gran medida de los cambios que se deben suscitar en las instituciones, como lo menciona Majó (2003: para. 2) al sustentar que "los sistemas educativos no solamente tienen que enseñar nuevas tecnologías, no sólo tienen que seguir enseñando materias a través de las nuevas tecnologías, sino que estas nuevas tecnologías aparte de producir unos cambios en la escuela producen un cambio en el entorno y, como la escuela lo que pretende es preparar a la gente para este entorno, si éste cambia, la actividad de la escuela tiene que cambiar".

Para lograr la apropiación e integración curricular de las TIC a los procesos pedagógicos y educativos, Sánchez (2002) propone hacerlas enteramente parte del currículo, en cuanto a TIC se refiere, logrando un engranaje entre los principios educativos y la didáctica en general y para lograr esa integración debe existir un aprestamiento, uso e integración.

Lograr la integración de las TIC en los procesos de enseñanza requiere un proceso complejo de accesibilidad e infraestructura, una cultura escolar y la percepción por parte de los docentes, "la capacitación docente es importante, pero "... si no está vinculada al aprendizaje colectivo, no puede influir a la cultura de la escuela" (Fullan, 2007:164) En línea con los planteamientos anteriormente expuestos, las TIC han tomado un significado relevante en la educación, relacionado a nuevas competencias y capacidades, mayor calidad educativa, alfabetización digital, desarrollo del pensamiento crítico, trabajo en equipo, autoaprendizaje y otros aspectos de suma importancia que proporcionan espacios de integración entre estas tecnologías de la Información y la Comunicación en las instituciones educativas. (Marquès,2000).

A continuación se presentan algunos de los estudios encontrados en la revisión del estado del arte, realizados en varios de nuestros países de habla hispana.

Prendes M., Castañeda L. y Gutiérrez I. (2010) realizaron un estudio acerca de las competencias tecnológicas de los profesores de España con el fin de analizar el nivel de uso de las TIC por parte de los docentes de último curso de titulación de Magisterio de la Universidad de Murcia, los resultados de este estudio se analizaron desde un enfoque tridimensional partiendo desde el dominio técnico de los estudiantes de último curso de la facultad de

Educación, permitiendo una visión general de las competencias y por último da un informe del estado de competencia técnica para el uso de las TIC de los futuros docentes.

Este trabajo recuerda los planteamientos del Ministerio de Educación Chileno del 2006, en el cual se pone de manifiesto que para que un docente sea competente en el uso de las TIC debe ser competente en cinco áreas muy específicas: el área pedagógica, el área de conocimiento de los aspectos sociales, éticos y legales relacionados con el uso de las TIC en la docencia, el área de habilidades de la gestión apoyada en TIC, el área de uso de las TIC para el desarrollo profesional docente y el área de conocimientos técnicos. El cuestionario utilizado para la obtención de los datos fue una adaptación del desarrollado por Cabero, Llorente et al. (2006) para el análisis de los dominios tecnológicos de las TIC por los estudiantes, que ha sido utilizado también en Cabero, Llorente y Puentes (2009).

Los resultados permitieron concluir que nuestros futuros docentes no presentan mayores dificultades con el uso de las TIC como herramienta periférica, pero en cuanto al provecho esperado de las mismas los resultados no son los mismos, ya que los docentes a la hora de optimizar su rendimiento en el trabajo con el uso de las TIC no hacen la debida implementación.

Casal S. (2010) realizó una investigación que permitiera analizar un cuestionario de evaluación de la calidad de los cursos virtuales y la participación en cursos de formación permanente universitaria en entornos virtuales de aprendizaje de la diplomatura de Educación Social de la UNED. La muestra de esta investigación está formada por cuatro cursos de formación permanente publicados en WebCT especialmente dirigido a docentes de todos los niveles académicos. En el ámbito europeo es necesario hacer referencia a la Declaración de Bolonia (1999) en la que se sentaron las bases para el desarrollo del Espacio Europeo de Educación Superior (EEES) antes del 2010 en donde alcanzar una Europa del conocimiento es la meta principal y es aquí en donde las Tecnologías de la Información y la Comunicación permiten las innovaciones que influyen en el ámbito de la educación.

La integración de las TIC en la Educación superior según la autora puede alcanzarse desde diferentes enfoques: recursos didácticos, objetos de estudio, medio de administración o gestión e investigación.

La UNED inició en el año 2000 el proceso de integración de las TIC en los sistemas educativos. En un inicio sólo utilizó la plataforma WebCT como entorno virtual de aprendizaje la cual ha sido desarrollada por la universidad de British Columbia (Canadá). Es un medio informático que permite la formación en línea y la publicación de cursos interactivos. Sus ejes principales son la tutorización y el seguimiento de los alumnos, y presenta distintas herramientas de comunicación, contenidos, evaluación y estudio.

El objetivo de esta investigación pretendía analizar cómo era la participación en cursos de formación desarrollados en entornos virtuales de aprendizaje y esclarecer qué aspectos de comunicación e interacción enriquecen estos aprendizajes. La metodología de la investigación

ACTAS **ICONO**14 - Nº 11 VI Simposio Las Sociedades ante el Reto Digital | 05/2013 | ASOCIACIÓN DE COMUNICACIÓN Y NUEVAS TECNOLOGÍAS
C/ Salud, 15 5º dcha. 28013 – Madrid (España) | ISBN: 978-84-15816-04-1 | CIF: G - 84075977 | www.icono14.net/actas

realizó un análisis de contenidos de mensajes que se enviaron a los correos y a los foros, de acceso a los cursos virtuales y de revisión de herramientas de comunicación.

Esta investigación permitió concluir que en las herramientas de comunicación y el acceso a la plataforma obtuvieron mejores resultados, lo que permite inferir que la metodología didáctica utilizada en el proceso de comunicación incide en la participación de los estudiantes en las aulas virtuales agregando a esto la riqueza de las herramientas utilizadas, la adaptación del diseño, la organización de las herramientas de comunicación, la variedad en los temas de discusión, ofrece una interacción rápida en la participación y comunicación en red.

El estudio fue desarrollado durante el período diciembre 2010 por el equipo del Laboratorio de Investigación y Formación en Nuevas Tecnologías Aplicadas a la Educación (LabTIC) de la Universidad Pedagógica de la Provincia de Buenos Aires, integrado por Martilnelli, S., Cicala, R., Perrazo, M., Bordigon, F., De salvo, J. Los resultados de esta investigación posibilitan identificar las potencialidades pedagógicas, didácticas y tecnológicas de plataformas, entornos virtuales y herramientas de autor que se podrían integrar en propuestas de enseñanza y aprendizaje en diferentes contextos educativos y en los diferentes niveles del sistema educativo. Para ello, se ha optado por un estudio de tipo exploratorio destinado a obtener y analizar información para reconstruir categorías conceptuales a partir de diferentes estrategias de indagación: fuentes documentales primarias y secundarias y entrevistas.

Granda A. (2010) desarrolla una investigación en la Universidad de las Ciencias Informáticas (Cuba), en donde se muestran las distintas etapas y los resultados correspondientes al diseño, desarrollo e implementación de un curso virtual de Ingeniería de Software, cuyo objetivo era potenciar el desarrollo del proceso de enseñanza-aprendizaje de la Ingeniería de Software en la Universidad; Utilizando el modelo ADDIE, que permitió la evaluación del curso. La población que utilizó el curso virtual propuesto, fueron los 1498 estudiantes del 3er año de la carrera de Ingeniería en Ciencias Informáticas en la UCI, pertenecientes a la asignatura de Ingeniería de Software. Para la aplicación del instrumento que medía el grado de satisfacción de los estudiantes, se tomó una muestra probabilística estratificada de 150 estudiantes de la población. Los resultados obtenidos certificaron la calidad del producto y el cumplimiento de sus objetivos.

Vega, E., Jacobo, C., Baldera, J. (2010) del Departamento de Ciencias Administrativas, Biotecnología y Ciencias Alimentarias, pertenecientes al Instituto Tecnológico de Sonora (México,2011) realizaron un estudio cuyo objetivo fue valorar la experiencia del uso de blogs por alumnos de la materia de Administración de Clientes Internacionales de la Maestría en Inteligencia de Mercados Internacionales, en la modalidad virtual. Para analizar la utilidad de esta herramienta tecnológica se utilizó la aplicación de un instrumento para recopilar información de los estudiantes respecto a su experiencia para evaluar la utilidad de los blogs como herramienta educativa en postgrado. Se crearon blogs por parte de los estudiantes sobre temas relacionados a la Maestría Administración de Clientes Internacionales. Posteriormente se les aplicó un instrumento para documentar sus experiencias, estos fueron capaces de generar y compartir conocimientos y construir aprendizajes en forma colaborativa interactuando en el blog, el cual les permiten mayor cobertura que plataforma educativa se concluye que los blogs son una excelente opción para promover el aprendizaje reflexivo.

Soto, L., Robles, O. y Robledo, G. (2011) en la Universidad Tecnológica de Guadalajara, Mexico, presentan los resultados obtenidos al implementar una metodología utilizando secuencias didácticas basadas en el constructivismo social, que favorezcan el aprendizaje de ecuaciones lineales mediante el uso de software matemático. Esta investigación se desarrolló mediante una estrategia didáctica aplicada a 17 alumnos de la carrea de Tecnologías de la Información y Comunicación de la UTM, permitiendo comparar el aprendizaje tradicional vs. el aprendizaje basado en el uso de un software de aplicación matemática. Se utilizaron problemas prácticos de diferente complejidad. Se observó durante el proceso que los alumnos lograban llegar al resultado rápidamente creando una mejor apreciación de su enseñanza. La materia utilizada en el desarrollo pertenece al plan curricular de la carrera de Tecnologías de la Información y Comunicación (TIC). Esta investigación permitió adicionalmente reconocer que el uso de las T.I. (Tecnologías de la Información) facilita y posibilita el aprendizaje de conceptos matemáticos específicos sobre un tema de estudio.

Muñoz P. y González M. (2010) docentes de la Universidad Santiago de Compostela y de la Universidad de A Coruña, respectivamente, realizaron un estudio con docentes en el contexto universitario cuyo propósito pretendía conocer qué herramientas de carácter teleformativo utilizaban los docentes en sus clases presenciales, dicha investigación exalta las potencialidades del e-learning y el software libre en la Educación Superior siendo estas herramientas de gran valor para los docentes en contextos universitarios lo que permite conocer, categorizar y explicar las competencias de los docentes bajo entornos teleformativos basados en el e-learning y el uso del software libre. En el año 2010, estos mismos autores realizaron una publicación para destacar los aspectos más relevantes en una investigación de tipo *survey* en la cual se utilizan herramientas del campo e-learning como apoyo a las clases presenciales.

Este estudio tuvo como propósito identificar el grado de uso e implementación por parte de los docentes de Educación Superior en programas informáticos, aplicaciones telemáticas y e-learning. La metodología que para esta investigación se utilizó fue la realización de un cuestionario on-line y una encuesta con el fin de obtener una descripción representativa de comportamientos y percepciones por parte del profesorado de la Universidad de A Coruña que utilizaba entornos virtuales en sus prácticas educativas.

El resultado de dicha investigación permitió identificar los sistemas del área e-learning más utilizados por los docentes de la Universidad A Coruña, siendo ellos el correo electrónico, las plataformas de gestión de aprendizaje y los foros en su orden, contrario a esto los recursos con el menor nivel de aplicación son el podcast, la audioconferencia y los CMS.

Cheung K.S., Lam J., Lau N. y Shim C. (2010) de la universidad abierta de Hong Kong realizaron un trabajo que tenía como objetivo investigar prácticas de diseño instruccional para implementar "blendedlearning". Los autores resaltan las características y aspectos más importantes de la modalidad blended y definen 6 pasos claves del proceso de diseño instruccional de cursos que quisieran trabajarse en esta modalidad:

- Crear un "overview" del curso.
- Rediseñar el plan de lecciones.
- Preparar el material de las lecciones.
- Realizar investigación y preparar recursos.
- Incorporar en el LMS.
- Revisar las lecciones y el material creado.

Cada uno de los pasos anteriores es explicado en detalle y por supuesto involucra la inclusión de TIC. Finalmente los autores concluyen que hay un número de factores críticos de éxito para la modalidad blended. Entre estos factores están: el apropiado diseño instruccional, un LMS que sirva como plataforma de aprendizaje en línea y docentes entrenados en blended learning.

Fertalj K., Hoić-Božić N. y Jerković H. (2010) de la Universidad de Zagreb (Croacia), realizaron un trabajo cuyo propósito principal era analizar el proceso de integración de repositorios de objetos de aprendizaje y los LMS. Una parte importante de su trabajo incluyó la investigación y revisión de los repositorios de objetos de aprendizaje actuales y de sus funcionalidades, entre ellos: MERLOT, PALOMA, EDNA y ARIADNE. Por otra parte se propone una arquitectura para integrar un repositorio de objetos de aprendizaje (FEDORA) y un LMS (Moodle), además se presenta una aplicación piloto implementada, resaltando requerimientos, pruebas y mejoras.

A través de su trabajo los autores explican y concluyen que un objeto de aprendizaje almacenado en un repositorio digital (cuya arquitectura puede ser cambiada), puede ser combinado y almacenado como una nueva lección independientemente del usuario de la plataforma LMS utilizada para acceder al repositorio.

Cruz M. (2010) realizó un trabajo que describe la experiencia llevada a cabo en el Programa Institucional de Habilitación Pedagógica en cuanto a la utilización e implementación de Tecnologías de la Información y la Comunicación por parte de los docentes de Educación Superior, acerca del aprendizaje e-learning y el impacto del Portafolio Docente Digital para la formación integral y continua de los profesores universitarios. Las universidades están conscientes de la multitud de herramientas, recursos virtuales, modelos y cambios permanentes en los procesos de enseñanza aprendizaje que experimentan los docentes de Educación Superior como se plasma en el Libro blanco de la Universidad Digital 2010 (Laviña y Mengual, 2010). Este trabajo presenta la experiencia del Programa Institucional de Habilitación Pedagógica (ePIHP), con un sistema de Portafolio Docente Digital (Pdd) para que los docentes de Educación Superior organicen sus recursos digitales. Dicho estudio pertenece al Modelo Educativo y Académico (MEyA) de la Universidad Autónoma de Yucatán (UADY). La metodología de este estudio integró conocimientos básicos sobre plataforma MOODLE y cuyo resultado permitió observar que el portafolio digital docente fue útil debido a la integración del docente con el entorno virtual, ambientes colaborativos, diferentes recursos y publicaciones.

ACTAS **ICONO**14 - Nº 11 VI Simposio Las Sociedades ante el Reto Digital | 05/2013 | ASOCIACIÓN DE COMUNICACIÓN Y NUEVAS TECNOLOGÍAS

C/ Salud, 15 5º dcha. 28013 – Madrid (España) | ISBN: 978-84-15816-04-1 | CIF: G - 84075977 | www.icono14.net/actas

Suárez J., Almerich G., Gargallo B. y Aliaga F. (2010) de la Universidad de Valencia, realizaron un estudio en profundidad de las competencias TIC de los profesores y su relación con el uso que realizan de estas tecnologías, tanto a nivel personal-profesional como con sus alumnos. Para ello se realizó el diseño de una encuesta y posteriormente se aplicó a la población de referencia que estuvo compuesta por el profesorado de centros de educación primaria y secundaria de la Comunidad Valenciana. Para el desarrollo del cuestionario se tuvieron en cuenta en primer lugar diferentes referentes sobre las TIC en el profesorado (ISTE (2002), departamento de educación pública de North Carolina (2000) y el departamento de educación de Victoria.

Los resultados obtenidos indican que el profesorado, de manera general, posee un nivel de competencia tecnológica y pedagógica limitado, y en algunos aspectos presenta notables carencias. El profesorado posee un nivel de conocimiento de los distintos recursos tecnológicos con importantes insuficiencias en la mayoría de ellos, y en aquellos recursos en los que su nivel es de usuario normal muestra deficiencias respecto a las funcionalidades avanzadas. En cuanto a la integración de los recursos tecnológicos en su práctica educativa diaria el profesorado, en conjunto, lo contempla tan sólo en ciertas ocasiones: no lo considera de una forma regular ni habitual. Por otro lado, a partir de las competencias tecnológicas y pedagógicas en TIC, se definió un modelo de integración de las TIC por parte del profesorado. En este modelo se establecieron cuatro perfiles jerárquicos: sin uso del ordenador, entrada, adopción e innovación.

Torres I. y Guzmán J.(2010) realizaron un estudio sobre las clases de recuperación de información web impartida para el curso de maestría en ingeniera de sistemas, de la universidad Nacional de Colombia sede Medellín con el objeto de aprovechar al máximo el potencial de los contenidos digitales, en el ámbito educativo surgiendo un conjunto de formatos abiertos para contenido general, como los representados por las tecnologías XML. Codificar los contenidos educativos en tales formatos, puede proporcionar la base para crear contenidos estructurados y reutilizables que se ajusten dinámicamente a las necesidades de información específicas de un usuario. Este trabajo aporta un ejemplo de aplicación basado en las tecnologías XML (XMLSchema y XQuery) para la gestión dinámica de información de contenidos educativos estructurados y reutilizables.

Angélico M., Pérez M. y Pimenta P. (2011) realizaron un estudio cuyo objetivo era medir la tasa de utilización de learning objects en los procesos de enseñanza-aprendizaje en instituciones de educación superior. La metodología de la investigación se basó en una revisión bibliográfica del estado del arte de los tipos de learning objects en internet y repositorios de los mismos, además se realizó una entrevista semiestructurada a "expertos" de instituciones de educación superior como por ejemplo responsables de centros de investigación, diseñadores instruccionales y responsables técnicos de unidades de e-learning. Las instituciones de donde se tomaron los expertos fueron: el Instituto Politécnico de Porto, la Universidad de Porto y la Cooperativa de Enseñanza Superior, Politécnico y Universitário (CESPU). Finalmente, los autores concluyen que las instituciones entrevistadas no desarrollan ni reutilizan learning objects que usan estándares scorm e IMS.

En Colombia, Ávila G. y Riáscos S. (2011) , realizaron una investigación titulada "ImpaTIC: una propuesta metodológica para medir el impacto de las TIC en el proceso de enseñanza-aprendizaje en la Educación Superior Colombiana" dicha propuesta tuvo como objetivo ayudar a las Instituciones de Educación Superior a vincular a las TIC en sus procesos, comprendiendo que las nuevas tecnologías son una herramienta vital en las instituciones; este estudio permitió realizar una aproximación apropiada de una metodología que permitiera medir el impacto de las TIC en los procesos de enseñanza aprendizaje en Educación Superior. Esta propuesta denominada ImpacTic parte de la necesidad de vincular y apropiar el uso de las TIC en los procesos educativos aumentando productividad, debido a que la implementación de las TIC es un factor determinante en los cambios que la educación atraviesa, siendo la utilización de las TIC y de nuevas tecnologías un gran recurso y apoyo en los entornos organizacionales (Erstad,2009).

Este trabajo señaló la importancia de iniciar el estudio en el impacto de las TIC en educación superior, ya que como revolución cultural cambia los modos y patrones de nuestras vidas y por lo tanto, también está obligada a cambios dramáticos en la educación (Underwood, 2009). Para la realización de este estudio se partió de la definición de competencia en su carácter dinámico, frente al conocimiento tradicional o técnico, para luego especificar las Competencias en Tic para docentes implementadas por la UNESCO. Esta experiencia menciona los diversos estudios acerca del impacto de las TIC en educación Superior, presentando un análisis de diversas metodologías. De la investigación se concluye que la implementación de las TIC en los procesos académicos requieren constante evaluación y requieren ser apropiadas por las instituciones educativas desde su proyecto educativo institucional.

Del Valle, P., Morales, M. & Sumano, A. (2012) realizaron una investigación cuyo objetivo fue conocer si el uso de la estrategia del portafolio electrónico influye en el proceso de motivación y autorregulación de los estudiantes en asignaturas correspondientes al área de ciencias sociales. Se empleó el método descriptivo; como apoyo, las técnicas de recolección de datos implementadas fueron tres: el registro observacional, el cuestionario y la entrevista. La primera muestra estuvo constituida por la Universidad Veracruzana (Xalapa, estado de Veracruz), donde se imparte el programa de la licenciatura en Economía en la modalidad escolarizada y el grupo grupo único donde se imparte la asignatura Sistema Financiero estaba compuesto por 25 estudiantes de entre 19 y 21 años. La segunda muestra estuvo conformada por la Escuela Normal Martha Christlieb (Orizaba, estado de Veracruz) ofrece servicio educativo de nivel superior, se trabajó con un grupo de segundo semestre, en la asignatura Educación en el Desarrollo Histórico de México I, donde se trabajó con 30 alumnos de entre 19 y 22 años. La última muestra fue un grupo de la Universidad de Oaxaca integrada por los estudiantes de sexto semestre de licenciatura en psicología.

ACTAS **ICONO**14 - Nº 11 VI Simposio Las Sociedades ante el Reto Digital | 05/2013 | ASOCIACIÓN DE COMUNICACIÓN Y NUEVAS TECNOLOGÍAS
C/ Salud, 15 5º dcha. 28013 – Madrid (España) | ISBN: 978-84-15816-04-1 | CIF: G - 84075977 | www.icono14.net/actas

Como resultado final se presenta un informe con lineamientos y recomendaciones metodológicas para la realización de futuros estudios de campo, que permitan analizar experiencias pedagógicas con utilización de TIC en modalidades presenciales, semipresenciales o virtuales con particular énfasis en el uso de entornos digitales de aprendizaje. Asimismo, se plantean posibles líneas de investigación que profundicen y amplíen los resultados de este estudio exploratorio en situaciones contextualizadas

4.2. Recursos Educativos Digitales

La utilización y formación en Tecnologías de la Información y la Comunicación (TIC) por parte del profesorado universitario ha sido objeto de investigación y reflexión en los últimos años, según lo menciona López de la Madrid (2007), el uso de las TIC en las universidades del mundo, se ha convertido en el factor determinante de inducción al cambio y adaptación a las nuevas formas de hacer y de pensar en los distintos sectores de la sociedad, en lo referente a lo administrativo han permitido la organización de las instituciones, en lo académico, han facilitado a un gran número de estudiantes el acceso a la información y han transformado significativamente los contextos educativos.

Mediante la utilización de las TIC se logra el perfeccionamiento de los profesores, debido al cambio en las prácticas educativas que se observa en el docente que las utiliza como parte integral de sus didácticas. (Arboleda & Rivera, 2008). En los estudiantes la utilización de las TIC facilita el acceso a la información, lo que permite un intercambio continúo, en donde el profesor debe estar preparado para transformar la información en conocimiento y comprensión, como lo planteó la Conferencia Mundial de Educación Superior (1998), al identificar el nuevo rol protagónico que adquiere el estudiante frente a las nuevas tecnologías, razón por la cual los gobiernos deben garantizar el acceso equitativo de las TIC, no sólo en Educación Superior, sino en todos los niveles educativos, es decir, apoyar este proceso desde la infraestructura tecnológica, capacitación docente, entre otros.

Cuando en Educación Superior, se habla de incorporar las TIC a los procesos pedagógicos, se establece el propósito de innovar en las prácticas a través del uso de la tecnología, para así entender y transformar las concepciones, creencias y formas de actuar de los actores en la educación. (Díaz, 2008). Por tal motivo, empleo de las TIC en el proceso docente de Educación Superior, según lo manifestado por Izquierdo & Pardo (2007) refleja la importancia de transformar el trabajo metodológico y la formación de los profesores y demás partícipes de este proceso, para que estén aptos a enfrentar los retos que en cuanto a la formación de los profesionales de la sociedad contemporánea, lo que requiere la utilización de las TIC de forma continua y actualizada, ya que estas influyen en la apropiación significativa del conocimiento.

Después de haber identificado la importancia de las TIC en el contexto educativo, es relevante establecer un marco referencial en los principales aspectos de la educación superior, para lo cual se cita a Wagner, Day, James, Kozma, Miller & Unwin (2005), quienes presentan el entorno en el que se desarrollan las TIC, los principales espacios donde intervienen, su implementación y el impacto en los estudiantes.

Se requiere una integración planificada de las TIC en los contextos educativos y para que esta sea estructurada han de tenerse en cuenta una serie de aspectos los cuales plantea Benito (2005) a continuación:

- Planificación de las estrategias adecuadas para la introducción de las TIC, dentro de los planes de cada Universidad.
- Caracterización específica de cada Universidad y los objetivos que se pretenden lograr. Han de ser planes realistas, acordes con las posibilidades reales de cada Universidad.
- Valoración de las TIC como una oportunidad para reflexionar sobre la educación y el trabajo de formación universitario.
- Integración de las TIC como cultura institucional en el diario quehacer de las Universidades.
- Plan de formación continua para la utilización de las TIC por parte del profesorado para la integración de estas al currículo.

Frente a la necesidad de incorporar las TIC en los contextos académicos, donde el modelo educativo promueva la autonomía de los estudiantes, en espacios de realimentación, interacción y reflexión, Barrón (2006) menciona que uno de los problemas más frecuentes para alcanzar estos objetivos de lograr ambientes enriquecidos con TIC en educación, son los docentes, los cuales deben sensibilizarse en el uso de herramientas digitales, multimedia, web, por mencionar sólo algunos.

El rol que debe asumir un docente ante las TIC debe permitirle organizar y diseñar la experiencia educativa, facilitar la interacción e instruir. (Flores, 2005). Algunos de estos estudios afirman que precisamente el aprendizaje se construye en el proceso de interacción, en donde hay una retroalimentación permanente entre docente y estudiante. (McWay, 2002)

Se requiere del reconocimiento significativo en cuanto al impacto de las TIC en educación superior, debido a la revolución cultural que estas nuevas tecnologías tienen en todos los modos y patrones de nuestras vidas, y por tanto, está obligada a lograr cambios dramáticos en la educación (Underwood, 2009).

Los usos de las TIC en la docencia son objeto de interés creciente, en parte debido al proceso de transformación de la enseñanza universitaria a propósito de la convergencia metodológica de las Universidades Europeas y a la eclosión de las plataformas de teleformación y campus virtuales (Anderson, 2004).La mayoría de las aulas virtuales se conciben como un espacio para la transmisión de información, ya que los profesores proporcionan a los alumnos documentos, lecturas y enlaces.

Blázquez & Lucero (2002:186) definen "los medios didácticos como cualquier recurso que el profesor prevea emplear en el diseño o desarrollo del currículo para aproximar o facilitar los contenidos, mediar las experiencias de aprendizaje, provocar encuentros o situaciones, desarrollar habilidades cognitivas, apoyar sus estrategias metodológicas, o facilitar o enriquecer

ACTAS **ICONO**14 - N° 11 VI Simposio Las Sociedades ante el Reto Digital | 05/2013 | ASOCIACIÓN DE COMUNICACIÓN Y NUEVAS TECNOLOGÍAS

C/ Salud, 15 5° dcha. 28013 – Madrid (España) | ISBN: 978-84-15816-04-1 | CIF: G - 84075977 | www.icono14.net/actas

la evaluación". La utilización de estas herramientas digitales, requiere de un modelo de construcción e integración de estos recursos y adecuar la presentación del contenido instructivo mediante la programación de unidades didácticas (Medina, Domínguez & Sánchez, 2008).

Todo esto nos lleva a reflexionar acerca de las ventajas que ofrecen los recursos TIC para la Información, Medina (2009:199) señala que estamos frente a diversos espacios de "sobreinformación accesible al estudiante", lo que permite una flexibilidad y acceso directo a fuentes de datos en la red. Las Tecnologías de la Información y la Comunicación consideradas como recursos de información, facilitan el acceso a los datos de forma actualizada y en formatos multimedia, como ejemplos de algunos recursos TIC para la información se pueden mencionar las enciclopedias virtuales, bases de datos online, herramientas web 2.0, buscadores, etc. Lo anteriormente mencionado permite concluir que "ninguna sociedad ha dispuesto de tantas oportunidades de información como la nuestra, pero su volumen es de tal magnitud y el acceso a la misma es tan variado, que las principales dificultades son ahora identificar qué información se necesita, de qué forma obtener la deseada y cómo aprovechar la disponible". (Echevarría, 2004:286).

Al llegar a este punto, se hace indispensable señalar uno de los lineamientos esenciales en este trabajo y es precisamente lograr una aproximación conceptual sobre los recursos educativos digitales, los cuales pueden definirse, como cualquier tipo de información que se encuentre almacenada en formato digital, pero además poseen una intencionalidad educativa, con objetivos de aprendizaje definidos y un diseño según las características didácticas específicas para facilitar el aprendizaje. Los recursos educativos digitales ayudan a profundizar temáticas, desarrollar contenidos, reforzar aprendizajes, favorecer el desarrollo de determinadas competencias y ayudar a evaluar procesos y conocimientos. (García, 2010).

De tal forma que los recursos educativos digitales, tienen un componente digital y sirven de apoyo para la realización de actividades de aprendizaje, brindando soporte a nuevas formas de representación multimedial, con imagen, sonido, hipertexto, entre otros. Para el diseño y uso de los recursos educativos digitales, el docente debe conocer los contenidos temáticos a desarrollar y las actividades de aprendizaje que facilitarán el acercamiento a la consecución de los objetivos de aprendizaje planteados, por tal motivo, para definir el uso pedagógico de un recurso educativo digital, es recomendable seguir los diseños instruccionales y sus diferentes etapas.

Estas consideraciones acerca de la utilización de recursos educativos digitales con propósitos didácticos y pedagógicos facilitan su implementación en escenarios propicios para el trabajo colaborativo, lo que conlleva hacia una reflexión que permita indagar sobre los recursos existentes y su utilización en diversos contextos, los cuales se destacan por su "ruptura con el aislamiento". (López & Lorenzo, 2008), entre estos recursos TIC de colaboración se pueden encontrar grupos colaborativos, Herramientas web 2.0, blogs, wikis, entre otros.

ACTAS **ICONO**14 - Nº 11 VI Simposio Las Sociedades ante el Reto Digital | 05/2013 | ASOCIACIÓN DE COMUNICACIÓN Y NUEVAS TECNOLOGÍAS
C/ Salud, 15 5º dcha. 28013 – Madrid (España) | ISBN: 978-84-15816-04-1 | CIF: G - 84075977 | www.icono14.net/actas

Diversos recursos educativos digitales se pueden mencionar, entre estos se destacan los recursos TIC de aprendizaje los cuales facilitan los procesos cognitivos y de apropiación del conocimiento y ofrecen distintos escenarios enriquecidos para trabajar los contenidos y didácticas. Ejemplos de estos recursos son los repositorios de recursos educativos, tutoriales interactivos, herramientas web 2.0, etc.

Pinto, (2009) plantea que los recursos educativos electrónicos en el proceso de enseñanza aprendizaje desempeñan las siguientes funciones:

- Ser motivadores, ya que ofrecen un mayor acercamiento a la realidad con contenidos contextualizados.

- Apoyo para la presentación y desarrollo de los contenidos, ya que permiten alcanzar los objetivos propuestos.

- Estructuración metodológica para guiar las actividades del estudiante y facilitar experiencias de aprendizaje.

Hoy día existen diversas utilizaciones para los recursos educativos digitales, respondiendo a necesidades educativas y objetivos de aprendizaje específicos, algunos de estos recursos pueden clasificarse teniendo en cuenta su uso pedagógico, o como lo sugiere Galvis (2008) agrupándolas según dimensiones que nos permitan entenderlos y apropiarlos, teniendo en cuenta si facilitan la Productividad individual, la interacción con otros individuos, la exploración de objetos de estudio, el apoyo a las labores educativas y el desarrollo del acervo cultural, científico y tecnológico.

Profundización del conocimiento: consiste en incrementar la capacidad de estudiantes, ciudadanos y trabajadores para agregar valor a la sociedad y a la economía, aplicando conocimientos de las disciplinas escolares a fin de resolver problemas complejos y prioritarios con los que se encuentran en situaciones reales en el trabajo, la sociedad y la vida. Estos problemas pueden relacionarse con el medio ambiente, la seguridad alimentaria, la salud y la solución de conflictos.

Las competencias de los docentes vinculadas con el enfoque de profundización del conocimiento comprende la capacidad para gestionar información, estructurar tareas relativas a problemas e integrar herramientas de software no lineal y aplicaciones específicas para determinadas materias.

Todo lo anterior, con métodos de enseñanza centrados en el estudiante y proyectos colaborativos, a fin de contribuir a la comprensión profunda de conceptos clave por parte de los estudiantes, así como a su aplicación para resolver problemas complejos del mundo real. Para apoyar proyectos colaborativos, los docentes podrían utilizar recursos de la Red, para ayudar a los estudiantes a colaborar, acceder información y comunicarse con expertos externos con miras a analizar y resolver problemas específicos. Los docentes deben además estar en capacidad de utilizar las TIC para crear y supervisar proyectos de clase realizados individualmente o por grupos de estudiantes, así como para contactar expertos y colaborar con

ACTAS **ICONO**14 - Nº 11 VI Simposio Las Sociedades ante el Reto Digital | 05/2013 | ASOCIACIÓN DE COMUNICACIÓN Y NUEVAS TECNOLOGÍAS

C/ Salud, 15 5º dcha. 28013 – Madrid (España) | ISBN: 978-84-15816-04-1 | CIF: G - 84075977 | www.icono14.net/actas

otros docentes, utilizando Redes con el fin de acceder a información, a colegas y a otros expertos para contribuir a su propio desarrollo profesional.

4.2.1. Aspecto 1: Pedagogía

Herramientas de procesamiento No Lineal

Estas herramientas permiten el procesamiento no lineal por parte de los estudiantes, con recursos y actividades que facilitan la creación de mapas conceptuales, mapas mentales, etc. Son herramientas utilizadas a la hora de organizar información con la jerarquización de los contenidos por medio de una red de conceptos.

Herramientas para Trabajo Colaborativo

Las herramientas para el trabajo colaborativo, permiten la gestión de trabajos compartidos, fuentes de información, materiales interactivos, facilitando el trabajo en grupo, el cultivo de actitudes sociales, el intercambio de ideas, la cooperación y el desarrollo de la personalidad. (Pere Marqués, 2000).

Herramientas de Interacción Social: Redes Sociales

Las herramientas de interacción social, en el caso específico de las redes sociales, se han transformado en lugares propicios para la interacción entre grupos sociales, cada vez más especializados, dado a la conformación de comunidades virtuales y redes de colaboración. (Cobo y Romaní, 2007).

4.2.2. Aspecto 2: TIC

Herramientas de Búsqueda, exploraciones en la Red y Metabuscadores

Galvis, (2008) define las exploraciones por la red son como los viajes de campo que se organizan con fines educativos, buscan poner en contacto al aprendiz con información de primera mano de la que puede aprender lo que se desea.

Herramientas para utilizar y administrar bases de Datos

Las herramientas que se utilizan para procesar datos que se encuentran ubicados en repositorios digitales, permiten no sólo almacenar y organizar información, sino también la generación de nuevos conocimientos, mediante cruces de datos, vistas, agregados y demás opciones. Es importante aprovechar estas herramientas para crear colecciones organizadas de información digital. (Galvis, 2008).

Herramientas para interactuar asincrónicamente

Las herramientas para interactuar asincrónicamente, han logrado superar las barreras del tiempo y el espacio, logrando diálogos dinámicos, mediatizando digitalmente la comunicación entre las personas. (Galvis, 2008).

ACTAS **ICONO**14 - Nº 11 VI Simposio Las Sociedades ante el Reto Digital | 05/2013 | ASOCIACIÓN DE COMUNICACIÓN Y NUEVAS TECNOLOGÍAS

C/ Salud, 15 5º dcha. 28013 – Madrid (España) | ISBN: 978-84-15816-04-1 | CIF: G - 84075977 | www.icono14.net/actas

Herramientas para Interactuar Sincrónicamente

Las herramientas para interactuar sincrónicamente, es decir, en tiempo real, apoyan el proceso de aprendizaje, a través del fomento de debates activos, en ambientes ricos en aprendizajes colaborativos y construcción social del significado (Jonassen, 1995).

Software educativos: énfasis en trabajo colaborativo y procesos no lineales de comprensión

Se define el software educativo como un programa computacional diseñado para apoyar los procesos de enseñanza aprendizaje, teniendo en cuenta características estructurales y funcionalidad. (Marqués, 1999).

Herramientas para apoyar el aprendizaje basado en proyectos colaborativos

Los recursos para apoyar el aprendizaje basado en proyectos colaborativos, permiten el aprendizaje participativo, a través de comunidades de aprendizaje en línea, en los cuáles se aportan conocimientos y habilidades en temáticas de carácter educativo. (Galvis, 2008).

Herramientas para diseñar comunidades de aprendizaje en línea

Las herramientas para diseñar comunidades de aprendizaje en línea facilitan la construcción de proyectos comunes estableciendo unos objetivos de aprendizaje comunes entre los usuarios de dicha comunidad, compartiendo conocimiento, sentido de comunidad, apoyo y confianza, colaboración e interacción y espacios para el intercambio de ideas y la retroalimentación permanente. (Tirado, 2008)

Herramientas para desarrollar la argumentación en red

El uso de este tipo de herramientas que permite identificar y analizar argumentos de textos en entornos de aprendizaje, incluye gestión de debates virtuales, construcción de discurso mediante la elaboración y edición de documentos, utilización de recursos lingüísticos y no lingüísticos, foros, actividades sincrónicas; entre otros, con el propósito fundamental de dar paso a una comunicación efectiva en la escuela. (Cros, 2003).

4.2.3. Aspecto 3: Ciudadanía Digital

Herramientas abiertas: Software antiplagio

Las herramientas de software antiplagio, mencionadas dentro de los estándares de ciudadanía digital propuestos por ISTE (2008), promueven el uso responsable de las TIC, haciendo uso de las citas bibliográficas, el uso de reglas y prácticas legales.

Herramientas para manejar citas y referencias bibliográficas:

Diversos textos que se elaboran hilan ideas de muchas fuentes, y para citarlas y referenciarlas hay que seguir normas y convenciones de la disciplina que se desempeña. La elaboración de citas y referencias es una labor dispendiosa que puede facilitarse cuando se arma una base de datos con los recursos documentales que han sido consultados. Este tipo de sistemas permiten presentar las citas y las referencias bibliográficas en el estándar que uno requiera (p.e. APA, ACM).

5. Descripción del Espacio Virtual

El espacio virtual de recursos educativos (EVRE) es un sitio web que aloja recursos educativos digitales que posibilitan el desarrollo de competencias TIC para la profundización del conocimiento en docentes de educación superior. El sitio cuenta con recursos debidamente clasificados y con ejemplos de actividades de aprendizaje modelo para su adecuada utilización por parte de los docentes. La selección de los recursos está orientada por criterios establecidos internamente en el grupo de trabajo teniendo en cuenta criterios nacionales e internacionales de calidad.

5.1. Requerimientos técnicos

El sitio no requiere tener instalado un sistema operativo en particular, ya que puede ser accedido desde la web, solo se necesita tener instalado un navegador web y una conexión a internet estable.

Con respecto a los requisitos de hardware se recomienda tener al menos 128 Mb en memoria RAM, un procesador de 700 Mhz y tener un servicio de internet banda ancha de al menos 512 kbps.

5.1.1. Arquitectura

Elementos y componentes físicos

EVRE está construido sobre una arquitectura cliente-servidor, es decir un sistema distribuido entre múltiples procesadores donde hay clientes que solicitan servicios y servidores que los proporcionan. Esta arquitectura permite a los usuarios finales obtener acceso a la información en forma transparente aún en entornos multiplataforma.

Estructura de la base de datos

La base de datos que se utilizará para almacenar la información tanto de los recursos como del sitio en general tendrá el siguiente esquema:

ACTAS **ICONO**14 - Nº 11 VI Simposio Las Sociedades ante el Reto Digital | 05/2013 | ASOCIACIÓN DE COMUNICACIÓN Y NUEVAS TECNOLOGÍAS

C/ Salud, 15 5º dcha. 28013 – Madrid (España) | ISBN: 978-84-15816-04-1 | CIF: G - 84075977 | www.icono14.net/actas

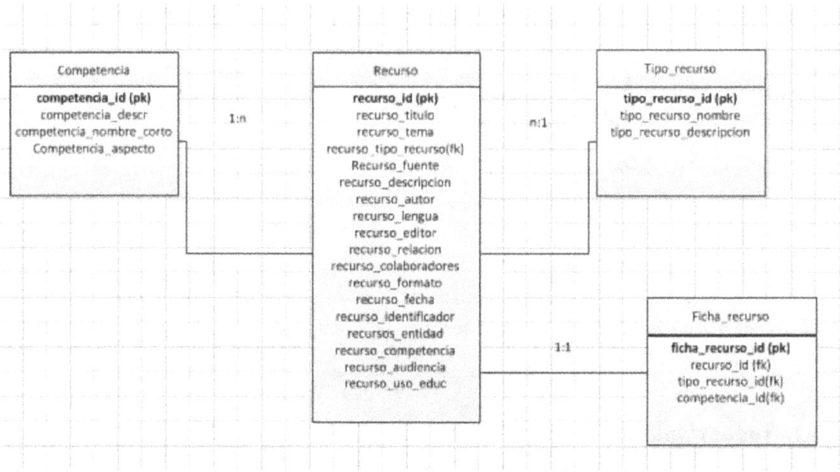

El sistema gestor de base de datos relacional, multihilo, multiusuario y que se ofrece bajo la licencia GNU GPL llamado MySQL.

<u>Plataforma de desarrollo</u>

EVRE se desarrolló bajo el lenguaje de programación web PHP, que se usa principalmente para la interpretación del lado del servidor (server-side scripting).

5.1.2. Inclusión de Recursos educativos digitales

Los recursos educativos almacenados en la base de datos del sitio así como los recursos referenciados están caracterizados y clasificados por el esquema de metadatos **Dublín Core**. Es decir que se especifican elementos que describen al recurso digital almacenado o referenciado en el sitio web, lo que permite un acceso al recurso por medio de un campo en particular, como es la dirección URL (Universal Resource Locator).

Los elementos definidos para identificar cada objeto se clasifican de acuerdo al estándar de Dublín, en tres grupos que indican la clase o el ámbito de la información a la que hacen referencia:

- Elementos relacionados principalmente con el contenido del recurso
- Elementos relacionados principalmente con la propiedad intelectual del recurso
- Elementos relacionados principalmente con la instanciación del recurso

Contenido	Propiedad Intelectual	Instanciación
Título	Autor	Fecha
Tema	Editor	Tipo
Descripción	Colaborador(es)	Formato
Fuente	Derechos	Identificador
Título	Autor	Fecha
Lengua		
Relación		
Cobertura		

Como valor agregado y dada la naturaleza del proyecto que busca profundizar competencia TIC a través de los recursos dispuestos en el sitio, se han adicionado en la caracterización de los recursos los siguientes elementos:

- Uso educativo: Describe el objetivo a perseguir con el uso del material.
- Competencia a la que apunta: Indica la competencia que el uso del material puede desarrollar en los estudiantes.
- Audiencia: Indica el público al que se dirige el material.

5.1.3. Distribución de la información

El sitio web proporciona una interfaz gráfica amigable que permite que un usuario final realice una navegación intuitiva. A continuación se presentan los elementos de información y opciones funcionales del sitio web (http://evre.inacceval.com):

Menú de opciones principales

Imagen 1. Menú principal del sitio web.

<u>Menú general del sitio</u>

- Inicio: Página de bienvenida del sitio web donde se encuentran las opciones principales del sitio.

- Búsquedas: Opción que permite acceder a la búsqueda de materiales educativos digitales, herramientas web y actividades de aprendizaje.

- Acerca de: Información general acerca del proyecto.

- Participar: Opción que permite a un usuario sugerir actividades de aprendizaje o materiales educativos.

- Contacto: Formulario a través del cual se puede contactar al líder del proyecto.

Imagen 2. Descripción de recursos digitales

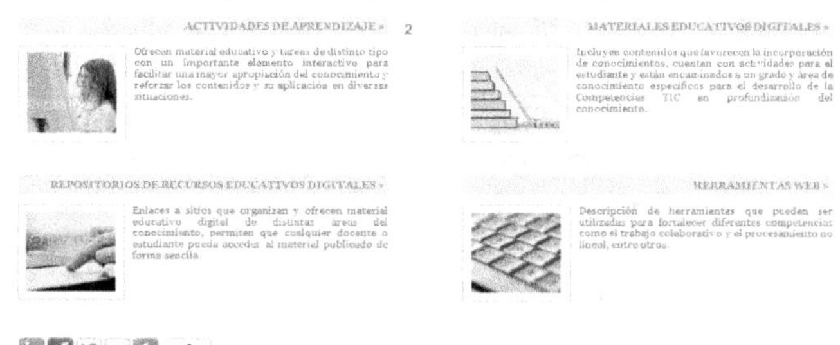

5.1.4. Descripción de cada uno de los recursos digitales dispuestos en EVRE

<u>Opciones de compartir en redes sociales</u>

Menú con opciones para compartir o divulgar la existencia de EVRE en diferentes redes sociales como Facebook, FeedBurner y Twitter. Además es posible recomendar el sitio a través de correo electrónico.

<u>Espacio de búsqueda de materiales digitales</u>

A través de la selección de una serie de criterios el usuario puede hacer la búsqueda de materiales educativos digitales almacenados o referenciados en EVRE.

ACTAS **ICONO**14 - Nº 11 VI Simposio Las Sociedades ante el Reto Digital | 05/2013 | ASOCIACIÓN DE COMUNICACIÓN Y NUEVAS TECNOLOGÍAS

C/ Salud, 15 5º dcha. 28013 – Madrid (España) | ISBN: 978-84-15816-04-1 | CIF: G - 84075977 | www.icono14.net/actas

Imagen 3. Menú principal de búsqueda de materiales

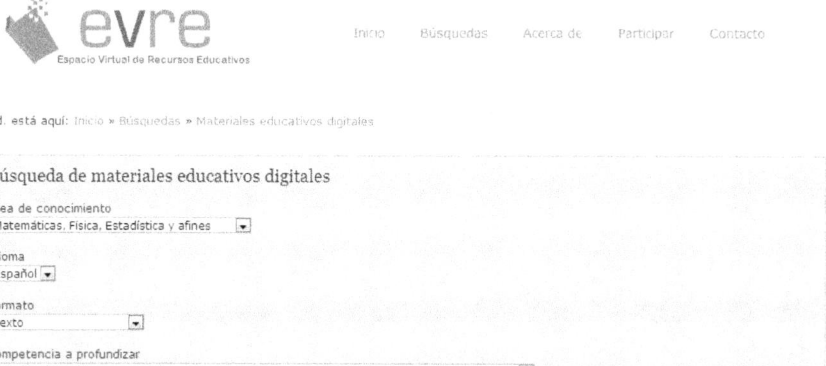

Espacio de búsqueda de recursos web

A través de la selección de una serie de criterios el usuario puede hacer la búsqueda de herramientas web analizadas en EVRE.

Imagen 4. Menú principal de búsqueda de herramientas web

Espacio de búsqueda de actividades de aprendizaje

En esta página se presenta el listado de actividades de aprendizaje diseñadas y la opción para hacer una búsqueda específica de las mimas.

ACTAS **ICONO**14 - Nº 11 VI Simposio Las Sociedades ante el Reto Digital | 05/2013 | ASOCIACIÓN DE COMUNICACIÓN Y NUEVAS TECNOLOGÍAS

C/ Salud, 15 5º dcha. 28013 – Madrid (España) | ISBN: 978-84-15816-04-1 | CIF: G - 84075977 | www.icono14.net/actas

Imagen 5. Menú principal de búsqueda actividades de aprendizaje

Título actividad	Competencia(s) a la que apunta
Comunicación y Educación	Aprendizaje Colaborativo, Solución de problemas.
Conceptualización de E-learning, B-learning, M-learning, E-training y T-learning.	Aprendizaje significativo, solución de problemas.
Conceptos básicos sobre estrategias didácticas	Solución de problemas Complejos, Trabajo colaborativo.

Para algunos recursos sólo se almacenará la referencia o enlace de donde se encuentran ubicados, es decir que no todos los recursos estarán almacenados físicamente en la base de datos.

6. Conclusiones

Teniendo en cuenta las actividades y procedimientos desarrollados por el equipo de investigadores del proyecto, a continuación se presentan algunos aspectos que se consideran indispensables realizar cuando se diseña e implementa un espacio virtual con recursos educativos digitales y que podrían servir para comenzar a construir lineamientos que orienten este tipo de proyectos.

- Definición del concepto Recursos Educativos Digitales
- Revisión de base de datos sobre experiencias de aplicación de recursos educativos digitales
- Determinación de criterios de selección de dichos recursos
- Definición y diseño de fichas relacionadas con la postulación, evaluación y descripción de los recursos educativos digitales que formarán parte del espacio virtual.
- Establecer los ámbitos de descripción de las fichas. Dada la complejidad de la descripción, se recomienda evaluar la posibilidad de priorizar aquellos campos que son de mayor relevancia y utilidad para los profesores.
- Propuesta inicial de criterios y pautas de evaluación de los recursos educativos digitales. Se sugiere: aspectos básicos, técnicos, de usabilidad y contenidos.
- El espacio debe incluir la posibilidad de que los usuarios incluyan recursos educativos digitales.

En este caso se recomienda agregar información de ayuda para completar las fichas en los sistemas informáticos que serán desarrollados para ingresar al espacio virtual.

En el desarrollo del proyecto se han identificado aspectos que vale la pena contemplar para futuros trabajos y tienen que ver con la flexibilidad del sistema para ofrecer mayores posibilidades a los docentes de educación superior a los que va dirigido.

EVRE se constituye en una herramienta amigable para estimular y motivar a los docentes de educación superior a utilizar con sentido pedagógico recursos educativos digitales que pueden contribuir a mejorar su práctica docente y a encontrar nuevas posibilidades de innovar y de transformar la manera de interactuar con los contenidos y con sus propios alumnos. Constituye una posibilidad también de enamorar a aquellos profesores que veían lejanas la posibilidad de utilizar estas herramientas y de reforzar la curiosidad de aquellos que ni siquiera se atreven a intentarlo.

Los estudios indican que los docentes reconocen conceptualmente la importancia que estos recursos pueden tener para mejorar la educación (Said, E. 2011), pero en la práctica, no los usan ni con la frecuencia, ni con la idoneidad pedagógica como para que tengan un impacto real en el aprendizaje de los alumnos, de ahí la importancia de desarrollar herramientas como esta para facilitar que los docentes se atrevan a implementarlas.

Referencias

- Adell, J. (1997). Tendencias de investigación en la sociedad de las tecnologías de la información. EDUTEC: Revista electrónica de tecnología educativa, 7. Obtenido de http://www.uib.es/depart/gte/revelec7.html

- Alberdi, María Cristina (2000). Las nuevas tecnologías de la información: Desafío para la Educación a distancia. Asociación Iberoamericana de Comunicación, IBERCOM. Santiago de Chile, 24 a 29 de Abril.

- Anderson, T. y Elloumi, F. (2004). Theory and Practice of Online Learning. Athabasca University. Consultado agosto 2008, desde http://cde.athabascau.ca/online_book

- Angélico, M., Pérez, M. & Pimenta, P.(2011). What kind of learning objects are used in higher education institutions?.Trabajo presentado en la sexta conferencia Ibérica de Sistemas de Información y Tecnología, Chaves, Portugal.

- Arboleda, A., & Rivera, L. (2008). Capítulo VI. Impacto de las tecnologías de la información y la comunicación (TIC) en la educación superior de América Latina y el Caribe. La educación superior en América Latina y el Caribe: diez años después de la Conferencia Mundial de 1998. Tünnermann C. (Ed.)

- Ávila, G. y Riascos, S. (2011). Propuesta Para La medición del Impacto de las TIC en la Enseñanza Universitaria. (Español).Educación y Educadores , 14 (1), 169-188.

- Barrón, C. (2006). Proyectos educativos innovadores. Construcción y debate. Pensamiento Universitario (99), México: CESU.

- Benito, M. (2005). Diseño de planes docentes en el proceso de armonización europea en educación superior basados en el uso de herramientas de e-learning. En Programa de Estudios y Análisis de la Secretaría de Estado de Educación y Universidades (EA2005-0097). Recuperado el 3 de Dic de 2012 de

- http://aplicacionesua.cpd.ua.es/CatalogaXXI/C10067PPESII1/E128403/index.html

- Blázquez, F. & Lucero, M. (2002). Los medios y recursos en el proceso didáctico. En Medina, A. & Salvador, F. Didáctica General (pp. 185-218). Madrid: Pearson Educación.

- Cabero, J. (1998): Impacto de las nuevas tecnologías de la información y la comunicación en las organizaciones educativas, en LORENZO, M. y otros (coords): Enfoques en la organización y dirección de instituciones educativas formales y no formales, Granada, Grupo Editorial Universitario, 197-206.

- Casal, S. (2010). Cuestionario de evaluación de la Calidad de los Cursos Virtuales de la UNED. (Español). Revista de la Educación a Distancia, (25), 1-22.

- Cheung, K.S, Lam, J., Lau, N.& Shim, C.(2010, Diciembre).Instructional Design Practices for Blended Learning. Trabajo presentado en la quinta conferencia de Inteligencia Computacional e Ingeniería de Software, Wuhan,China.

- COMISIÓN EUROPEA (1995). Libro blanco sobre la educación y la formación. Enseñar y aprender. Hacia la sociedad del conocimiento. Luxemburgo. Oficina de Publicaciones Oficiales de las Comunidades Europeas.

- Cox, M. & Otros (2003). ICT and Attainment: a Review of the Research Literature. London: DfES Publications

- Cruz, M. (2011). Impacto de las Tecnologías de e-learning en la Formación de los Docentes Universitarios. (Español). Apertura: Revista de Innovación Educativa , 3 (1), 1-5.

- Del Valle, P., Morales, M. & Sumano, A. (2012). Motivación Y Autorregulación a partir del uso del portafolio electrónico en los alumnos del nivel Superior. Revista Iberoamericana de Educación. Disponible en: http://www.rieoei.org/rie55a07.pdf

- Díaz, B. (2008). Educación y nuevas tecnologías de la información y la comunicación: ¿hacia un paradigma educativo innovador? Revista Electrónica de Educación Sinéctica, febrero-julio, N° 30.

- Echeverría, B. (2004). Formación e inserción profesional. En Buendía, L., González, D. & Pozo, T. Temas fundamentales en la investigación educativa. (pp. 241-298). Madrid: Muralla.

- Fertalj, K., Hoić-Božić, N.& Jerković, H.(2010).The integration of learning object repositories and learning management systems. Computer Science and Information Systems, 7 (3), 387-407.

- Fullan, M. (2007), The new meaning of educational change (4a. ed.).Nueva York: Teachers College Press.

- Galvis, A. (2004). Oportunidades educativas de las TIC. Recuperado en Diciembre de 2012 del portal Colombia Aprende http://www.colombiaaprende.edu.co/html/investigadores/16

- 09/articles-73523_archivo.pdf.

- Galvis, A. (2008). La PIOLA y el desarrollo profesional docente con apoyo de tecnologías de información y comunicación—TIC. Bogotá: Metacursos

- Garcia, E. (2010). Materiales Educativos Digitales. Blog Universia. Recuperado de http://formacion.universiablogs.net/2010/02/03/materiales-educativos-digitales/

- Garcia Valcarcel, A. (2008). Tecnología y Educación. Obtenido de

- http://web.usal.es/~anagv/arti1.htm el 3 de octubre de 2011.

- Granda, A. (2010). Diseño de curso virtual para apoyar el proceso de enseñanza aprendizaje de la disciplina de ingeniería y gestión de software en la Universidad de las ciencias informáticas. Revista Electrónica de la Tecnología educativa EDUTEC 34 . Diponible en: http://edutec.rediris.es/Revelec2/Revelec34/pdf/Edutec-e_n34_Granda.pdf

- Izquierdo, J. & Pardo, M. (2007). Las Tecnologías de la Información y las Comunicaciones (TIC) en la gestión académica del proceso docente educativo en la educación superior. Revista Pedagógica Universitaria, vol. XII, N° 1.

ACTAS **ICONO**14 - N° 11 VI Simposio Las Sociedades ante el Reto Digital | 05/2013 | ASOCIACIÓN DE COMUNICACIÓN Y NUEVAS TECNOLOGÍAS
C/ Salud, 15 5° dcha. 28013 – Madrid (España) | ISBN: 978-84-15816-04-1 | CIF: G - 84075977 | www.icono14.net/actas

- Jonassen, D. y Otros, (1995). Constructivism and Computer-Mediated Communication in Distance Education. American Journal of Distance Educaction, 9(2), 7-26.

- López, A. & Lorenzo, M. (2008). La investigación educativa en el aula hospitalaria: Estudio de un caso de intervención escolar, de Glioma óptico infantil mediante videoconferencia. Píxel Bit, Revista de Medios y Educación, 33, 29-42.

- López De la Madrid, MC. (2007). Uso de las TIC en la educación superior de México. Un estudio de caso. Apertura, vol. 7, N° 007. Universidad de Guadalajara (México).

- Majó, J (2003). Nuevas tecnologías y Educación. Ponencia presentada en el 1er. Informe de las Tics en los centros de enseñanza no universitaria. UOC. http://www.uoc.edu/web/esp/articles/joan_majo.html

- Marques, P. (1999). El software Educativo. Universidad Autónoma de Barcelona. Consultado el 10 de Dic de 2012. http://www.lmi.ub.es/te/any96/marques_software/

- Marques, P. (2000). Impacto de las TIC en la educación: Funciones y limitaciones (www.pangea.org/peremarques/siyedu. htm)

- McWay, M. (2002). Developing faculty: the changed role of online instructors. The Online Educator. London: Routledge.

- Medina, A., Domínguez, M.C. & Sánchez,C. (2008). Modelo de diseño de medios didácticos para el desarrollo de las competencias. Jornadas de Redes de Investigación en Docencia Universitaria. Recuperado de http://goo.gl/cSNQa

- Muñoz P. y González M. (2010). Aplicación y uso de herramientas teleformativas por instancia de parte del profesorado de la Universidad de A Coruña. (Español) RUSC: Revista de Universidad y Sociedad del Conocimiento , 7 (1), 1-13.

- OCDE (2003). Los desafíos de las Tecnologías de la Información y las Comunicaciones en la Educación. Madrird, Ministerio de Educación, cultura y Deporte.

- Pinto, M.(2009). Evaluación y mejora de la calidad de los recursos educativos electrónicos en el ámbito universitario español desde un enfoque documental. Ibersid, 105-116.

- Prendes, M., Castañeda, L., & Gutiérrez, I. (2010). Competencias Para el uso de las TIC de los Futuros Maestros. (Español). Comunicar ,18 (35), 175-182. doi: 10.3916/C35-2010-03-11

- Said, E. (2011). ICT use by journalism professors in Colombia. Australasian Journal of Educational Technology, 27(2), 259-273.

- Sánchez, J. (2002). Integración curricular de TIC. Concepto e ideas. [En línea]. Revista Enfoques educacionales. 6° Congreso Iberoamericano, 4° Simposio Internacional de Informática Educativa, 7° Taller Internacional de Software Educativo: IE-2002: Vigo, 20, 21, 22 de Noviembre de 2002. Consultado el 1 de Diciembre de 2012. Disponible en: http://lsm.dei.uc.pt/ribie/docfiles/txt2003729191130paper-325.pdf.

- Soto, L., Robles, O. y Robledo, G. (2011). Experiencia de trabajo colaborativo en la evaluación del aprendizaje de ecuaciones lineales bajo secuencias didácticas utilizando infraestructura computacional en Universidades Tecnológicas. Recursos digitales para la educación y la cultura volumen Kaamba Universidad Tecnológica Zona Metropolitana de Guadalajara Disponible en: http://ccita2012.itmerida.mx/archivos/Recursos_digitales.pdf

- Suárez Rodríguez J., Almerich G., Gargallo López B. & Aliaga F. (2011). Las competencias en TIC del profesorado y su relación con el uso de los recursos tecnológicos. Education Policy Analysis Archives,18,1-33.

- Torres, I. & Guzmán, J.(2010). Una Experiencia De Aplicación Para La Gestión De Información De Contenido Educativo Con Tecnologías Xml. Revista Educación en Ingeniería. Pp 137-148

ACTAS **ICONO**14 - N° 11 VI Simposio Las Sociedades ante el Reto Digital | 05/2013 | ASOCIACIÓN DE COMUNICACIÓN Y NUEVAS TECNOLOGÍAS
C/ Salud, 15 5° dcha. 28013 – Madrid (España) | ISBN: 978-84-15816-04-1 | CIF: G - 84075977 | www.icono14.net/actas

- Underwood, J. (2009). The impact of digital technology: A review of the evidence of the impact of digital technologies on formal education. (p. 27). British Educational Communications and Technology Agency (Becta), Coventry.

- UNESCO (2008). Proyecto ECD-TIC. Obtenido de http://www.eduteka.org/estandaresmaes.php3 el 8 de junio de 2009

- VALDEZ, G. & OTROS (1999). Computer-based Technology and Learning: Evolving Uses and Expectations. Oak Brook, IL: North Central Regional Educational Laboratory.

- Vega, E., Jacobo, C., Baldera, J.(2010). Experiencias en el uso de blogs en postgrado como herramienta educativa. Opinión de alumnos y profesores facilitadores sobre el programa de consejería académica para cursos en modalidad virtual-presencial en el Instituto Tecnológico Sonora. (pp. 10-21). México: ITSON. Disponible en: http://itsonboletinacademico.files.wordpress.com/2010/10/generacion-de-ambientes-de-aprendizaje-con-uso-de-tecnologias-de-informacion-y-comunicacion3.pdf

- Wagner, D., Day, B., James, T., Kozma, R. B., Miller, J. & Unwin, T. (2005). Monitoring and evaluation of ICT in education projects: A handbookfor developing countries. Washington, D. C.: The International Bank for Reconstruction and Development/The World Bank

ACTAS **ICONO**14 - Nº 11 VI Simposio Las Sociedades ante el Reto Digital | 05/2013 | ASOCIACIÓN DE COMUNICACIÓN Y NUEVAS TECNOLOGÍAS

C/ Salud, 15 5º dcha. 28013 – Madrid (España) | ISBN: 978-84-15816-04-1 | CIF: G - 84075977 | www.icono14.net/actas

EDUCAR CRÍTICAMENTE "EN" Y "CON" LOS MEDIOS, EL CONFLICTO ACTUAL DE LA EDUCACIÓN FRENTE A LAS TIC

Martha C. Romero Moreno

Docente

Facultad de Ciencias Sociales y Humanas Universidad Autónoma del Caribe Calle 90 #46-112 Barranquilla
(Colombia) 57 + 3006118419 Email: mceromero@gmail.com

Resumen

Es una realidad que la educación debe afrontar el reto de formar los ciudadanos que este mundo globalizado exige y en Colombia, para aportar a ese ideal educativo de escuela transformadora, el Ministerio Educación Nacional promueve y apoya proyectos de formación, dotación e infraestructura relacionados con medios y TIC, en los que emerge como actor generador de cambios el docente, quien está llamado a ajustarse a los ritmos y retos de la enseñanza-aprendizaje actual en un contexto condicionado por culturas audiovisuales y tecnológicas que forman parte del ambiente en que sus estudiantes se desarrollan como individuos.

El objetivo del texto es evidenciar el uso pedagógico de los medios en los procesos curriculares a partir de la reflexión de estrategias institucionales motivadas por el MEN y su implementación en el sector educativo. La metodología está basada en la reflexión de las Políticas, programas, planes y estrategias gubernamentales referidas a M-TIC, enriquecida con aportes teóricos desde la educomunicación, el uso de medios en educación y la pedagogía activa, unido a la mirada de los docentes sobre el tema de estudio.

Resultados del proceso investigativo y la reflexión muestran una sobrevaloración de las posibilidades de las TIC en detrimento de las incipientes competencias mediáticas de los docentes, un creciente activismo Institucional y un uso de medios sólo en el nivel informacional y en algunos casos funcionalista, distando aún mucho del anhelado modelo pedagógico crítico, además de una ausencia de la fases de seguimiento y sostenibilidad de las metas que se exigen desde las instancias institucionales.

Palabras clave

Medios, TIC, Pedagogía, comunicación, educación, docencia.

ACTAS **ICONO**14 - N° 11 VI Simposio Las Sociedades ante el Reto Digital | 05/2013 | ASOCIACIÓN DE COMUNICACIÓN Y NUEVAS TECNOLOGÍAS
C/ Salud, 15 5° dcha. 28013 – Madrid (España) | ISBN: 978-84-15816-04-1 | CIF: G - 84075977 | www.icono14.net/actas

Abstract

It is a fact that education faces the challenge of guiding the citizens requires that this globalized world and in Colombia, to contribute to that ideal transforming school education, the National Education Ministry promotes and supports training projects, staffing and infrastructure related to media and TIC, which emerges as an actor generator changes the teacher, who is called to adjust to the pace and challenges of current teaching and learning in a context conditioned by audiovisual and technological cultures that are part of the environment in which students are develop as individuals.

The objective of this work is to show the use of media in teaching curriculum processes from the reflection of institutional strategies motivated by the MEN and its implementation in the education sector. The methodology is based on the reflection of the policies, programs, plans and strategies related to M-government TIC enriched educommunication theoretical contributions from, the use of media in education and active pedagogy, coupled with the gaze of teachers on the subject of study.

Results show an overestimation of the potential of TIC to the detriment of emerging media skills of teachers, increasing institutional activism and media use only on the informational level and in some cases functionalist distant critical pedagogical model, plus an absence of monitoring and sustainability stages of the goals from the institutional demand.

Key words

Media, ICT, pedagogy, communication, education, teaching.

1. Introducción

Hablar, reflexionar, criticar y teorizar sobre medios y más ampliamente las TIC y la escuela no es un tópico nuevo, pero sí una realidad que no da espera y que la educación debe afrontar comprendiendo que el reto estriba en lograr la adecuada formación de los ciudadanos que este mundo globalizado exige y necesita.

Para aportar a ese ideal educativo de escuela transformada y transformadora, en Colombia el Ministerio Educación Nacional promueve y apoya proyectos de formación, dotación e infraestructura relacionados con medios y TIC, en los que el docente, como generador de cambios está llamado a ajustarse a los ritmos y solicitudes de la enseñanza–aprendizaje actual, en un contexto académico, político, social, económico y de infraestructura inequitativos, condicionado además por culturas audiovisuales y tecnológicas, también desiguales, que forman parte del ambiente en que sus estudiantes se desarrollan como individuos.

2. Objetivos

Este texto pretende evidenciar el uso pedagógico de los medios en los procesos curriculares a partir de una revisión y reflexión de las políticas, programas, planes, estrategias y acciones institucionales motivadas por el Ministerio de Educación Nacional (MEN) referidas a los medios

ACTAS ICONO14 - Nº 11 VI Simposio Las Sociedades ante el Reto Digital | 05/2013 | ASOCIACIÓN DE COMUNICACIÓN Y NUEVAS TECNOLOGÍAS
C/ Salud, 15 5º dcha. 28013 – Madrid (España) | ISBN: 978-84-15816-04-1 | CIF: G - 84075977 | www.icono14.es/actas

y las tecnologías de la información y la comunicación (MTIC), enriquecida con aportes teóricos desde la educomunicación y la importante mirada de los docentes frente a este tema, quienes, con sus aciertos o desaciertos, materializan todo el proceso en su práctica pedagógica

3. Metodología

La reflexión se presenta a partir de la realidad encontrada en la caracterización de iniciativas de comunicación escolar en la ciudad de Montería (Romero 2009), que luego fue ampliada a 13 Secretarías de Educación del país durante un proceso de formación a 650 docentes y directivos docentes del sector urbano y rural realizada por el MEN a través de la Universidad de Córdoba (UMAR 2010) y el seguimiento en el estado del arte del área de la educomunicación. Con ello, se pudo llegar a conclusiones sobre la incorporación de medios y TIC en contextos escolares, llegando a proponer una posible ruta para la práctica pedagógica mediada, en espera de promover a largo plazo cambios sustanciales que redunden en la calidad educativa, pero especialmente en los protagonistas de esta situación por ley, hecho y decisión: los docentes y directivos docentes del país.

El proceso de reflexión se centró en la manera en la que se utilizan los medios en el proceso de enseñanza, sus posibilidades, sus desventajas, conocer un poco del estado de la infraestructura tecnológica con que cuentan las Instituciones, las estrategias de inserción de medios en los Planes de Mejoramiento Institucionales (PMI) y la percepción de los docentes con relación a las políticas establecidas en el proceso de enseñanza con el uso de los MTIC y su práctica real, para ello se utilizaron como instrumentos una encuesta en versión digital y física, entrevistas semiestrucutradas, observación participante. Se contó con el apoyo en información primaria y secundaria de los entes territoriales y las distintas Instituciones Educativas que participaron en los procesos de REDCOMUNES (Romero 2009) y UMAR (2010), además de la revisión de documentos oficiales del nivel internacional y nacional donde se circunscriben las políticas educativas relacionadas con la inserción de medios y TIC desde la Ley 114 del 94 hasta 2012.

El proceso investigativo fue mixto e incluyó aspectos cuantitativos, matrices de caracterización y un enfoque descriptivo sobre los hallazgos, teniendo en cuenta la opinión de los docentes, directivos docentes y funcionarios que intervinieron tanto en el estudio inicial como en los procesos de formación, relacionándolo con los estipulado en las teorías y las políticas referidas al tema de estudio. La reflexión hecha del proceso se presenta a continuación:

4. Propósitos internacionales en la relación Medios y Tecnologías de la Información y la Comunicación (MTIC) con la educación

Atendiendo a una realidad cada vez más globalizada, mediática y cargada de información, unida a una preocupación generalizada por tratar de intervenirla para el beneficio social, en el año 2003 la Asamblea General de las Naciones Unidas convocó a la Cumbre Mundial sobre la Sociedad de la Información (CMSI), la cual se desarrolló una primera fase en Ginebra en ese mismo año y otra fase en Tunez en 2005, en la cual los países miembros se comprometieron a desarrollar políticas sobre la debida inclusión de la sociedad a la información en el siglo XXI, a partir de las experiencias y logros alcanzados en el siglo que declinaba.

Dentro de los compromisos asumidos por la CMSI se encontraban el definir políticas para garantizar la plena integración de las tecnologías de la información y la comunicación (TIC) en todos los niveles educativos y de capacitación, incluyendo la elaboración de planes de estudio, la formación de los profesores, la gestión y administración de las instituciones, y el apoyo al concepto del aprendizaje a lo largo de toda la vida (CMSI, 2003 a.b).

En el contexto educativo se definieron como metas "utilizar las TIC para conectar universidades, escuelas superiores, escuelas secundarias y escuelas primarias y adaptar todos los programas de estudio de la enseñanza primaria y secundaria al cumplimiento de los objetivos de la Sociedad de la Información" (CMSI, 2005). Colombia participó en la cumbre y firmó sus acuerdos dejando como principios que la educación, el conocimiento y la información son esenciales para el progreso, el bienestar de los seres humanos y la competitividad.

A nivel regional, desde el 2000 se habían empezado a realizar algunas reuniones auspiciadas por la Comisión Económica para América Latina y el Caribe (CEPAL) que tenían como propósito el definir la inclusión de los países latinoamericanos en la sociedad de la información. La reunión definitiva tuvo lugar en Brasil dejando como resultado la declaración de Florianópolis (CEPAL 2000), en la que los países participantes se comprometieron a "crear y favorecer las condiciones de capacitación universal de la ciudadanía en el uso de las TIC y favorecer la alfabetización digital fortaleciendo los programas de educación a distancia, educación no formal y la formación docente" (CEPAL 2008). Una segunda ronda de reuniones tuvo lugar en junio de 2005 también en Brasil para la primera Conferencia Preparatoria Regional Ministerial de América y Latina y el Caribe para la Cumbre Mundial sobre la Sociedad de la Información, dejando sentadas las metas en esa materia para los años 2006 y 2007, pasando luego a El Salvador en otra Conferencia Ministerial para revisar los resultados de las metas orientadas en 2005, promoviendo así las del 2010. El cambio más significativo de esas reuniones fue el empezar a tomar distancia de la tendencia de seguir una lógica más bien industrial de desarrollo de las TIC, en favor de un desarrollo humano y social más integral con el desarrollo con las TIC.

ACTAS ICONO14 - Nº 11 VI Simposio Las Sociedades ante el Reto Digital | 05/2013 | ASOCIACIÓN DE COMUNICACIÓN Y NUEVAS TECNOLOGÍAS

C/ Salud, 15 5º dcha. 28013 – Madrid (España) | ISBN: 978-84-15816-04-1 | CIF: G - 84075977 | www.icono14.es/actas

Llega el 2010 y la tercera Conferencia Ministerial, y en esta, el énfasis estuvo en "aprovechar el potencial de las tecnologías digitales en los procesos de enseñanza-aprendizaje de forma que los sistemas educativos se renueven de acuerdo con el nuevo entorno digital" (CEPAL 2010), proponiendo las metas en esta área para el 2015 en las cuales el énfasis estuvo sobre el acceso, la conectividad y se estimó que pasada esta fecha ya todos los docentes y directivos habrían recibido formación en el uso pedagógico de TIC, el fomento a la producción de contenidos educativos, multimediales aprovechando las ventajas que les daba la internet y los dispositivos digitales (CEPAL 2010).

5. Propósitos colombianos en la relación Medios y Tecnologías de la Información y la Comunicación con la Educación

En el contexto colombiano, desde la Constitución Política de 1991 se consagra la educación como "un derecho de la persona y un servicio público que tiene una función social" (CPN art. 67), indicando además que "corresponde al Estado regular y ejercer la suprema inspección y vigilancia de la educación con el fin de velar por su calidad, por el cumplimiento de sus fines y por la mejor formación moral, intelectual y física de los educandos" (CNP art. 67), como resultado de esto, en 1994 el Congreso aprueba la Ley 115 o Ley General de Educación a través de la cual se regula el servicio público de educación y se dictan los principios generales y los fines de la educación, incluyendo además normas sobre la gestión administración de educación, la cual recae a nivel Nacional en el Ministerio de Educación, y por descentralización en las entidades territoriales.

Con la normatividad actualizada, el país estaba ejerciendo así acciones encaminadas a darse apertura a la sociedad del conocimiento, en sintonía con las transformaciones que en materia política y educativa se estaban gestando internacionalmente dentro de las que la integración de los Medios y las TIC estaban presentes. Esto se evidencia, en el cambio en los Planes Decenales de Educación (PNDE 1996-2006), en los que los MTIC pasan de no tener ninguna importancia, a ser uno de los ejes de las políticas educativas, como se muestra en el de 1996-2005, en el cual se priorizan acciones de dotación y acceso. Posteriormente en el Plan Decenal de 2006-2016 la mirada está en las TIC su uso y apropiación (PDEN 2006-2016), planteando una verdadera renovación educativa, bajo propuestas gubernamentales que desde 2002 se habían denominado como la Revolución Educativa.

El objetivo de la denominada Revolución Educativa fue "crear las condiciones que permitieran dar a todos los colombianos una educación de calidad que fuera un factor para el progreso y la modernización del país" (MEN 2010, p. 43) y para llegar a ese fin era necesario cambios en todas las esferas de la educación en lo administrativo, infraestructura, político, pedagógico.

A partir del Plan Decenal se propuso el Plan Nacional de TIC 2008-2019, el cual fue elaborado por el Ministerio de las Tecnologías de la Información y la Comunicación (MINTIC) en mayo de

2008. El objetivo del plan es que todos los colombianos se informen y comuniquen haciendo uso eficiente y productivo de las TIC para mejorar la inclusión y aumentar la competitividad (MTIC 2008), está organizado en ocho ejes, cuatro transversales: Comunidad, Marco regulatorio, investigación, desarrollo e innovación y gobierno en línea; y en cuatro ejes verticales: Educación, salud, Justicia y competitividad empresarial, en el de educación se priorizan tres actividades de gestión de la infraestructura, gestión de contenidos y gestión del recurso humano, maestros y docentes.

El plan procura entonces "la articulación de un conjunto de estrategias y acciones destinadas a apoyar la formación y los procesos de enseñanza – aprendizaje, a través del uso pedagógico de Nuevas tecnologías, televisión, radio y medios impresos" (MINC, 2008, p 8-9) a partir del desarrollo profesional docente, a los maestros para desarrollar su productividad personal y profesional con base en el uso de los Medios y las TIC y su aplicación pedagógica. Tal fue la importancia de esta área en las políticas educativas que en el MEN operaba el Programa Nacional de Uso de Medios y TIC desde el 2003, hoy Sistema Nacional de Innovación Educativa con Uso de TIC que lidera la Oficina de Innovación Educativa con Uso de Nuevas Tecnologías, quien se encarga de la planeación estratégica, incorporación de TIC en educación y procesos de enseñanza y aprendizaje.

Finalmente, apoyando el Plan Decenal y el Plan MTIC, está el Plan Sectorial de Educación, el cual es diseñado por los gobiernos de turno, vigente el 2011-2014, que tiene algunos programas y proyectos de integración de las TIC en la educación en Colombia los cuales se mencionan a continuación.

5.1.1. *Programas y Proyectos sobre la integración de MTIC en la educación en Colombia*

Todos los propósitos, metas y objetivos que se proponga un gobierno se referencian en políticas, estrategias y programas, y en Colombia, a partir de los documentos antes mencionados existe una continuidad en ellos, con algunas variaciones en las metas inmediatas. En educación, los esfuerzos actuales están encaminados al cumplimiento de las metas a 2014 del MEN y llevadas más aún a 2019 con miras al cumplimiento del proyecto de las "Metas Educativas 2021: La educación que queremos para la generación de los bicentenarios" promovida por la Comisión Económica para América Latina y el Caribe (CEPAL) y la organización de Estados Iberoamericanos (OEI); dejando como reto, entre otros puntos importantes, el incorporar las tecnologías en el proceso de aprendizaje y fomentar en las instituciones educativas la investigación científica y la innovación educativa.

Atendiendo a este propósito, el Ministerio de Educación Nacional de Colombia delimitó en cuatro líneas la políticas básica entre las que se encuentran: Ampliación de la Cobertura educativa; mejoramiento de la calidad de la educación; mejoramiento de la eficiencia del sector

ACTAS **ICONO**14 - Nº 11 VI Simposio Las Sociedades ante el Reto Digital | 05/2013 | ASOCIACIÓN DE COMUNICACIÓN Y NUEVAS TECNOLOGÍAS
C/ Salud, 15 5º dcha. 28013 – Madrid (España) | ISBN: 978-84-15816-04-1 | CIF: G - 84075977 | www.icono14.es/actas

educativo, y finalmente una línea de pertinencia con el fin de asegurar el cumplimiento de los objetivos de estas cuatro políticas.

Dentro de las políticas de eficiencia, existe un componente denominado de calidad educativa y política de mejoramiento de la calidad, para el que se plantearon algunos proyectos entre los que se encuentra inscrito el   Programa Nacional de Uso de Medios y Tecnologías de Información y Comunicación como uno de sus proyectos estratégicos para el desarrollo de competencias para la competitividad, el cual promueve el acercamiento de la educación a las dinámicas del mundo contemporáneo a través de cuatro ejes que giran en torno al fomento a la producción y uso de contenidos, el acceso a la dotación e infraestructura, la formación de maestros y el uso pedagógico y la apropiación de medios y TIC (MEN 2010).

Dentro de los proyectos de ese plan se destacan por su intervención en las instituciones educativas los siguientes:

- **Computadores para educar**, creado en el 2000 para facilitar el acceso a las TIC a instituciones educativas públicas, mediante el reacondicionamiento, ensamble y mantenimiento de equipos y promover su uso y acompañamiento significativo con el desarrollo de una estrategia de acompañamiento educativo (MEN 2010). El énfasis del programa es la adecuación de computadores en las instituciones educativas públicas, pero también ofrece a los docentes formación en el uso pedagógico de las TIC.

- **Compartel**, creado en 1999, es un programa social para "permitir y garantizar que en los sectores de menores ingresos y en las regiones más apartadas se beneficien de las telecomunicaciones como son la telefonía rural y el servicio de internet" (MEN, 2010). Este programa unido al de Computadores para Educar tienen un nuevo apéndice el cual se denomina Conexión Total que es un proyecto relacionado con la conectividad, y su propósito es garantizar el pago recurrente del servicio de internet en las instituciones públicas.

- **El portal Colombia Aprende** nace en 2004 como un sistema de información que recopila herramientas, contenidos y servicios para la comunidad educativa se ofrecen aproximadamente 30.000 contenidos educativos, pero no se han implementados estrategias para verificar la gestión de conocimiento que permitan retroalimentar la gestión del portal a las necesidades y expectativos de los usuarios, porque al considerarlo muy institucional aún no ha hecho parte de sus vidas por fuera de las aulas, de su propia vida.

- Se finaliza este recorrido por la ruta de apropiación TIC con el Proyecto de Formación de Docentes y directivos en los que se han desarrollado varias estrategias como **"A que te cojo ratón"** que es un programa de alfabetización digital. Está también **Intel Educar**, cuyo objetivo es formar a los docentes para aplicar el uso del computador a sus programas de estudios como una herramienta para producir contenidos educativos y diseñar ambientes de aprendizaje. Para los directivos específicamente está el programa **TemaTICas,** el cual busca formar directivos docentes en estrategias para el uso pedagógico de las TIC en el contexto de la gestión educativa y el mejoramiento institucional, hasta llegar a formaciones en **Uso**

ACTAS **ICONO**14 - Nº 11 VI Simposio Las Sociedades ante el Reto Digital | 05/2013 | ASOCIACIÓN DE COMUNICACIÓN Y NUEVAS TECNOLOGÍAS

C/ Salud, 15 5º dcha. 28013 – Madrid (España) | ISBN: 978-84-15816-04-1 | CIF: G - 84075977 | www.icono14.es/actas

pedagógico de medios y TIC, como **Redvolución**, **UMAR** o **Maleta audiovisual Rural** en los prevalece la formación a docentes.

Como se ve el énfasis en Colombia ha estado en el acceso y uso de los medios y las tecnologías de la información y la comunicación en contextos escolares privilegiando con ello la competitividad para este mundo cada vez más globalizado y tratando de aportar con ello a la inclusión, pertinencia y calidad educativa.

6. Los medios en la educación como evidencia de la educomunicación

Dentro de lo que se ha dado en llamar, incluso en las políticas públicas nacionales, específicamente los medios de comunicación como apoyo a la educación pueden ser un aliado muy importante para lograr completar la integración de las TIC en las Instituciones Educativa ya que permiten crear puentes entre el campo de crecimiento y desarrollo cotidiano de los niños y el ámbito más formal de la escuela sin verlo como un sitio inconexo con su propia realidad sino un espacio dinámico de aprendizaje, de encuentros y de desencuentros, inmersa en aspectos sociales, económicos e incluso políticos y en su propia cultura audiovisual.

Desde el uso de los medios y TIC se puede apoyar el planteamiento de interrogantes válidos que impulsen el aprendizaje de una manera entretenida, preparen y ayuden a impulsar una actitud crítica necesaria para la construcción colectiva del conocimiento, para el aprendizaje significativo y para la búsqueda de soluciones a problemas, dilemas y conflictos aplicables a cualquier área del saber; aspectos que privilegian la educación actual a través de la educomunicación.

La educomunicación como área relativa a la relación de los medios en las instituciones educativas no es nueva y una conceptualización sobre ella fue dada por la UNESCO en 1979 en París, definiéndola como "todas las formas de estudiar, aprender y enseñar, a todos los niveles y en toda circunstancia, la historia, la creación, la utilización y la evaluación de los medios de comunicación como artes prácticas y técnicas, así como el lugar que ocupan los medios de comunicación en la sociedad, su repercusión social, las consecuencias de la comunicación mediatizada, la participación, la modificación que producen en el modo de percibir, el papel del trabajo creador y el acceso a los medios de comunicación" (UNESCO1982), privilegiando entonces la formación de personas que sean conocedoras de los nuevos lenguajes audiovisuales de nuestra sociedad, siendo capaces de apropiarse críticamente de ellos y de emplearlos creativa y activamente como canales personales de comunicación, ya sean sus fines el aprender o el enseñar (Aguaded 1995).

La idea del uso de los medios en educación empezó a fortalecerse con los legados de Habermas (1999) y su teoría de la acción comunicativa; de Paulo Freire (1997) y la educación problematizadora; de Celestin Freinet (1977) y el uso de la prensa como espacio didáctico. Posteriormente teóricos como Len Masterman (1993), Joan Ferrés (1997), Mario Kaplún

ACTAS **ICONO**14 - Nº 11 VI Simposio Las Sociedades ante el Reto Digital | 05/2013 | ASOCIACIÓN DE COMUNICACIÓN Y NUEVAS TECNOLOGÍAS

C/ Salud, 15 5º dcha. 28013 – Madrid (España) | ISBN: 978-84-15816-04-1 | CIF: G - 84075977 | www.icono14.es/actas

(1997), Martín Barbero (1998), Cabero y Aguaded (1995), Huergo y Fernández (2000), David Bukingham (2005), han abordado también el uso de medios en educación. Con ellos, temáticas referidas al desarrollo de competencias comunicativas, liderazgo, participación y procesos de promoción del sentido crítico hacia los medios hegemónicos, se introducen gradualmente a la educación formal y empiezan a surgir procesos de comunicación en los entornos académicos de las aulas, desarrollando acciones que comprometían la enseñanza y el aprendizaje con medios y en medios.

7. Cómo educar en medios o con medios

Con la revisión que se ha hecho hasta aquí queda claro la necesidad y la exigencia de relacionar los medios y las TIC en la educación, la dificultad estriba entonces en cómo incorporarlos a la labor docente, abordando este proceso con una nueva forma de enseñar y un nuevo modelo de aprender, con unos protagonistas, en especial los docentes, que no siempre tienen claridad en estos temas, lo que fomenta inseguridades y temores que desvirtúan el potencial de estos aliados de apoyo pedagógico hasta convertirlos para algunos en un lastre más en su ya pesada asignación laboral.

La duda entonces se centra en cómo hacer la inserción pedagógica adecuada de los medios teniendo en cuenta sus posibilidades como herramienta para el proceso educativo, como objeto de estudio o como producción propia (Kaplún 1997) desvirtuando mitos y abriendo brechas a la innovación pedagógica que proporcione ambientes de enseñanza-aprendizaje más contextualizados con el uso de las TIC, en especial, de los medios.

Iniciando con la enseñanza de los medios y su importancia en el proceso educativo, según Len Masterman (1993) se justifica ésta por la necesidad de dar espacios desde lo curricular a las relaciones que tiene que ver con los medios debido al aumento en los de los niveles de consumo, la saturación de distintas formas mediáticas, la influencia de los contenidos mediático, el aumento de la manipulación y la fabricación de la información, la creciente penetración de los medios en los proceso democráticos, la necesidad de educar a las personas para que hagan frente a las exigencias del futuro.

De igual forma, la modernidad y el auge de los medios de comunicación en todas las esferas obliga a una educación mediática en el que se enseñe y se aprenda acerca de los medios, en el que el énfasis debe estar en la compresión crítica y en la participación activa de estudiantes y docentes como fines mismos de la relación educación–comunicación, lo que traerá individuos más reflexivos frente a la avalancha de los contenidos mediáticos (Buckingham 2005).

Si nos referimos a la enseñanza con inserción de medios, ya en la práctica, esta va de ser caracterizada como informacional, funcionalista y pedagógico-crítico (Huergo y Fernández 2000) así:

ACTAS ICONO14 - Nº 11 VI Simposio Las Sociedades ante el Reto Digital | 05/2013 | ASOCIACIÓN DE COMUNICACIÓN Y NUEVAS TECNOLOGÍAS

C/ Salud, 15 5º dcha. 28013 – Madrid (España) | ISBN: 978-84-15816-04-1 | CIF: G - 84075977 | www.icono14.es/actas

- **Modelo Informacional**: Plantea que los medios dentro de la escuela son utilizados como instrumentos o vehículos por los cuales se transmiten determinados contenidos, reemplazando la autoridad del maestro o el libro de texto y que su papel se ha detenido exclusivamente en el conocimiento técnico de los medios de comunicación.

- **El modelo funcionalista:** Percibe los medios como herramientas de análisis pero a través de los cuales aún los estudiantes no son capaces de llegar a una idea crítica que considere adecuadamente las condiciones de conflicto estructural de nuestras sociedades.

- **El modelo pedagógico crítico**: Propicia instancias dialógicas de los estudiantes frente a los medios y, al mismo tiempo, promueve la integración de éstos últimos dentro del ámbito curricular como componentes indispensables del proceso de educación de los niños y jóvenes. Este modelo permite que los estudiantes tomen posturas críticas y reflexionen en torno a los medios, además se promueve la participación y con ésta el diseño y producción de sus propios medios y mensajes, orientados más a las experiencias conocidas como medios grupales de comunicación, que a medios con características de masividad.

El paso de cada nivel o modelo presentado implica el pasar desde el uso, a la incorporación y luego a una verdadera apropiación de los medios. No se trata de usar los medios para transmitir información, la función de los docentes o los mediadores debe orientarse a provocar la organización racional de la información fragmentada recibida de la avalancha mediática que circunda a los estudiantes, sólo así ellos empiezan a tomar conciencia del papel de los medios en su propia vida, sus códigos, su capacidad de obnubilación invitándolos a discriminar y seleccionar contenidos valiosos para formarlos como verdaderos ciudadanos (Gonnet, 1995).

En el educar con los medios se pretende el contemplarlos también como una herramienta para entender y luego intervenir el mundo que los rodea, aquí el papel del docente empieza con una propuesta curricular que debe ser asumida por la parte institucional donde se integren los contenidos y objetivos de formación que vaya desde el uso, pero termine idealmente en la recreación de sus productos luego de la debida reflexión en una recepción crítica de los mensajes que los lleve a organizar, estructurar e integrar contenidos para explicar qué está ocurriendo y cómo se puede construir conocimiento.

En este punto tanto el uso con medios como el uso en medios se mezclan y son valiosas las lecciones desde el constructivismo (Higgins y Moseley, 2001; Inan y Lowther, 2010), la pedagogía centrada en el estudiante, el aprendizaje basado en problemas, la indagación científica, el estudio de caso, análisis de textos, análisis contextual, traducciones, simulaciones donde se promueva el aprendizaje reflexivo y la adquisición de conocimiento con el aprendizaje cooperativo, pues siguiendo a Freire (1972 p. 88), "nadie educa a nadie; nadie se educa solo; los hombres se educan entre sí, mediatizados por el mundo".

ACTAS **ICONO**14 - Nº 11 VI Simposio Las Sociedades ante el Reto Digital | 05/2013 | ASOCIACIÓN DE COMUNICACIÓN Y NUEVAS TECNOLOGÍAS
C/ Salud, 15 5º dcha. 28013 – Madrid (España) | ISBN: 978-84-15816-04-1 | CIF: G - 84075977 | www.icono14.es/actas

La educación en y con medios obliga a una adecuada alfabetización informacional y mediática en los docentes que deberán desarrollar estas especialidades como una competencia más dentro de su labor docente para que pueda hacer selecciones y evaluaciones adecuadas de información, motivar búsquedas, recontextualizar saberes, proponer nuevos contenidos e incluso producir material. (UNESCO, 2008)

Por todo lo anterior la respuesta al interrogante de si se educa con medios o en medios, es no segmentar sino propiciar una propuesta curricular de educomunicación que incluya el desarrollo de competencias de todo tipo con apoyo de la transversalidad de contenidos y estrategias pedagógicas adecuadas, así como la construcción del saber a partir del aprendizaje colaborativo y significativo, (Freire 1988) con lo cual todos pueden aprender, todos saben algo, cada persona es responsable de la construcción de conocimiento y de darle un nuevo significado a lo que aprende,   reivindicando la participación y el empoderamiento como propósitos implícito del proceso final en el que tanto la educación como la comunicación hacen parte del proyecto de vida de estudiantes y docentes (Romero 2009).

8. Del dicho al hecho: Revisando el uso pedagógico de medios en campo

Luego de revisar la política internacional, planes nacionales, sectoriales e incluso locales de uso de medios en educación y enfrentarse en el campo con la verdad sobre la práctica pedagógica de los docentes la reflexión se torna en verificación de verdades que más que asustar o frenar el deseo de incorporar los medios y las TIC en la escuela, refuerzan el valor del docente en este proceso y el compromiso que deben asumir los que se rezagan de la renovación pedagógica.

Con lo anterior, se pudo evidenciar que aunque los docentes siguen siendo el eje de cualquier intención de renovación pedagógica, esta no puede ser posible si esos protagonistas no están ni dispuestos ni preparados para asumirla. Por ello, el buen fin del uso pedagógico de medios ya sea con medios o en medios y en general de las TIC está relacionado con una adecuada formación de los docentes y de los directivos del sector educativo, unida a una institucionalización de los procesos con la participación de la comunidad educativa, procurando la sostenibilidad y el seguimiento de los procesos establecidos.

Mirando indicadores, respecto a la formación, el Plan Sectorial de Educación 2006-2010 asumía que para 2010 el 90% de los docentes hasta básica secundaria estarían capacitados en una formación inicial de TIC y que el 40% tendría una formación más profunda. En ese corte se reportó que durante los cinco años del programa se formaron 203.942 profesores de la educación básica y secundaria y de ellos 136.097 lo hicieron en uso pedagógico de las TIC siendo significativa la cifra si se tiene en cuenta que en ese momento el país tenía reportados 290.825 profesores. Actualizado a 2012, la cifra se ha incrementado en 5.354 según datos de la oficina de innovación educativa del MEN.

ACTAS ICONO14 - Nº 11 VI Simposio Las Sociedades ante el Reto Digital | 05/2013 | ASOCIACIÓN DE COMUNICACIÓN Y NUEVAS TECNOLOGÍAS
C/ Salud, 15 5º dcha. 28013 – Madrid (España) | ISBN: 978-84-15816-04-1 | CIF: G - 84075977 | www.icono14.es/actas

El problema entonces, es de acceso, de formación o de uso? En las miradas a los documentos, realidades e instrumentos que sirvieron de base a esta reflexión se pudo constatar que la mayoría de los docentes se sienten en desventaja frente a las habilidades de los estudiantes relacionadas con medios y TIC lo que causa cierta resistencia a no perder el carácter de autoridad en el aula, no obstante se reconoce que hay cierto deseo a no quedarse rezagados en ante esos cambios, en especial cuando éste es asumido de manera voluntaria y no por una asignación impuesta por las directivas educativas. Se concluye que se requieren estrategias de sensibilización, motivación y acompañamiento para pasar de la formación a la materialización.

Como consecuencia de lo encontrado, fue necesaria una mirada adicional a uno los aparentes culpables del temor de los docentes en el uso de los MTIC, los estudiantes. Para ello se referencia un estudio realizado en Italia que cuestiona si las habilidades de los jóvenes actuales frente a los MTIC se queda en lo instrumental o va más allá de ello, concluyendo que los estudiantes no tratan críticamente la información, no son capaces de valorar la confiabilidad ni la veracidad de la información (Calvani et al 2012), por lo cual el papel del docente se mantiene como autoridad en el aula si se legitima el poder que tiene éste en la transferencia y mediación de la información.

Los resultados muestran además una sobrevaloración de las posibilidades de las TIC desde los documentos gubernamentales y las teorías, en detrimento de las incipientes competencias mediáticas de los docentes lo que lleva a un creciente activismo Institucional inicial y un uso de medios sólo en el nivel inicial o informacional (Huergo 2000) y en algunos casos se llega al segundo nivel o funcionalista (Huergo 2000), distando aún mucho del anhelado modelo pedagógico crítico (Huergo 2000), además de una ausencia de la fases de seguimiento y sostenibilidad de las metas que se exigen desde las instancias institucionales.

Tomando como punto de referencia las actividades de comunicación escolar presentes en las instituciones educativas de Montería y en lo arrojado por los instrumentos aplicados a los docentes en el proceso de formación, se evidenció que se sigue reproduciendo el estilo de lo que Aparici (2006) denomina el primer modelo del educomunicador en el que se privilegia lo instrumental y no todas las ventajas que ese medio puede develar.

Desde la mirada de los docentes, la mayoría asume una actitud reacia al cambio dado por lo que consideran una brecha generacional que hace sentirse prevenidos y no optar por ofrecer innovación a las prácticas pedagógicas, aunque usen los MTIC para planear o diseñar sus materiales de enseñanza, (Hermans et all, 2008). Otros docentes son conscientes de la modernidad, pero no han alcanzado las competencias para realizar la mixtura entre MTIC y los saberes específicos, sumado esto al hecho de encontrar en algunas directivas institucionales las talanqueras para la materialización de las estrategias de incorporación de medios y TIC a los Planes de Mejoramiento Institucional (PMI) que el MEN solicita como requisito para la certificación de las formaciones y una vez de pasa el hervor momentáneo de la capacitación en muchos casos desaparecen los espacios y el tiempo destinado a las actividades de uso de medios. En este sentido, lo sucedido en Colombia no dista mucho del resto del mundo en que

ACTAS ICONO14 - Nº 11 VI Simposio Las Sociedades ante el Reto Digital | 05/2013 | ASOCIACIÓN DE COMUNICACIÓN Y NUEVAS TECNOLOGÍAS
C/ Salud, 15 5º dcha. 28013 – Madrid (España) | ISBN: 978-84-15816-04-1 | CIF: G - 84075977 | www.icono14.es/actas

al decir de los investigadores en el tema, las barreras son la "falta de confianza, falta de competencias y falta de acceso a recursos" (Bingimlas, 2009).

Por todo lo anterior, una experiencia vívida, contextualizada, realista y significativa de la incorporación de los medios en educación debe contar con políticas, infraestructura, equipos, formación, pero lo más importante será la institucionalización de las estrategias diseñadas desde realidades y no desde ideales, que tenga desde el nivel gubernamental nacional y local un adecuado acompañamiento y seguimiento que promueva la sostenibilidad. Sin embargo, todas las medidas en últimas no tendrán impacto, a menos que los docentes tengan una actitud positiva hacia el potencial uso de los medios y las TIC (Ertmer 2005), que supere las prevenciones, creencias pedagógicas y prejuicios, pues definitivamente los docentes constituyen el detonante para la exitosa integración de las TIC.

9. Conclusiones

A partir de la revisión y la reflexión desarrollada hasta aquí la inserción de los medios y TIC no es una posibilidad sino una necesidad en la que están involucradas tanto la educabilidad y como la enseñabilidad, en la que se debe dar espacio a la participación y a los enfoques y modelos pedagógicos activos que propicien el desarrollo de competencias cognitivas, comunicativas, mediáticas, ciudadanas y de gestión de conocimiento.

Por ello, la educación en medios y con medios debe estar cimentada en una varias dimensiones que tenga en cuenta tanto al estudiante como al docentes en sus funciones de receptor-mediador crítico y posibles productores fomentando su creatividad y sensibilidad hacia nuevos lenguajes, que le permitan decodificar códigos y analizar críticamente contenidos, orientándoles en sus criterios de juicio, aumentando su autonomía y distanciamiento ante los mensajes de los medios, abriendo nuevas perspectivas hacia otras culturas.

Se determina también que los medios y las TIC por sí solos no cambian las dinámicas ni los ambientes pedagógicos y mucho menos aseguran la calidad o la excelencia en las aulas. La idea es que al incorporar los MTIC la práctica docente cambie (EAFIT 2009), sin perder el valor de figura de autoridad del educador con o sin su presencia, la cual ha adquirido gracias al conocimiento y la práctica y no por el nombramiento oficial y que todo ese cambio sea validado, acompañado y sostenido institucionalmente.

Para que esta utopía se haga posible el educador es debe ser un mediador que procura el enriquecimiento de experiencias de todo tipo: conocimiento, sensaciones, emociones, actitudes, intuiciones. Debe poseer y saber desarrollar competencias específicas en comunicación, audiovisuales y pedagogía. Debe repensar las metodologías del aprendizaje para inventar nuevas formas de comunicarse, desarrollando nuevas técnicas discursivas en el campo de la comunicación, es decir, una nueva comunicación pedagógica.

Por su parte el estudiante deberá tener la oportunidad de elaborar un proyecto propio de vida mediante la integración de todas sus facultades físicas, psíquicas y mediante la interrelación constante con el grupo, la clase, la escuela, los medios de comunicación y la sociedad con el fin de aprende a innovar, romper esquemas, informar, formar, conocer y reconocer, incluso hasta llegar a transformar la cultura.

Las instituciones educativas también deben cambiar y comprometerse a ser un espacio para aprender a aprender, aprender a desaprender, aprender a enseñar, para enseñar a aprender, y aprender a respetar la diferencia. Deberá también acompañar un marco institucional para la inserción de los medios y las TIC y aportar o procurar recursos para la adquisición de tecnología y adecuación de instalaciones y materiales.

La propuesta de inserción de medios y TIC así como la decisión de su integración como ruta institucional debe partir de la autonomía que las instituciones educativas tienen, sin detrimento de las políticas gubernamentales, pero se recomienda que el aspecto crítico esté presente para jalonar las prácticas pedagógicas y para ello se propone partir de una adecuada reflexión del estado actual, de una sensibilización de la comunidad frente al uso consiente e intencionado de los medios y las TIC, para luego ir a un análisis y discusión de los componentes que podrían afectarse en los Planes de Mejoramiento Institucionales, logrando el adecuado soporte para las estrategias tanto curriculares como extracurriculares que van a permear los procesos educativos y un adecuado plan de sostenibilidad real, con acciones de seguimiento que promuevan la evaluación de las acciones definidas y no el control o la valoración del desempeño únicamente. No se trata de tener indicadores de uso de medios y TIC, sino de afectar realmente la práctica pedagógica.

En definitiva, la integración de los medios y las TIC debe promover las competencias mediáticas e informacionales (UNESCO 2012) con las que las personas puedan acceder, analizar, evaluar, usar, producir y comunicar información y conocimiento de maneras creativas, legales y éticas que respeten los derechos humanos, puedan usar diversos medios, fuentes de información y canales en su vida privada, profesional y pública. Pueden llegar incluso a saber qué información necesitan, cuándo y para qué, y dónde obtenerla, entienden quién ha credo la información y por qué, así como los roles, responsabilidades y funciones de los medios, los proveedores de información y las instituciones de la memoria. Pueden analizar información, mensajes, creencias y valores transmitidos a través de los medios y de toda clase de productores de contenidos, y pueden comparar y validar la información que han hallado y procesado en base a criterios genéricos, personales y basados en sus contextos (UNESCO 2012).

Haciendo eco al investigador italiano Calvani (2012), se trata de asegurar que las mismas habilidades tecnológicas básicas sean adquiridas por todos y que en las instituciones educativas se garantice "la integración de las habilidades tecnológicas que los estudiantes deberían adquirir a través de su propia práctica, dentro de una adecuada estructura cognitiva relacionada a otras competencias significativas" (Calvani et all, 2012, 805). Así las cosas, todo el contexto de aprendizaje cambia, la escuela se transforma rompiendo la dicotomía de pensar la pedagogía por un lado y los medios y las tecnologías de la información y la comunicación por otro.

Referencias

- Aguaded I. y Cabero, (1995). Educación y Medios de Comunicación en el Contexto Iberoamericano. Universidad Huelva-Universidad de Sevilla-Universidad de Buenos Aires.

- Aparici, R. (2006). Comunicación Educativa en la Sociedad de la Información. Madrid: UNED.

- Buckinghan David. (2005). Educación en medios: alfabetización, aprendizaje y cultura contemporánea . Paidós. Barcelona.

- Barbero, Jesús. (1998): Heredando el futuro, pensar la educación desde la comunicación, en C&E, Cultura y Educación, núm. 9, p. 17.

- Bingimlas, Khalid (2009). Eurasia Journal of matematics, science and technology education. Recuperado de http://www.ejmste.com/v5n3/EURASIA_v5n3_Bingimlas.pdf

- Calvani A., Fini A., M. Ranieri, Picci P. (2012) ¿Son las generaciones jóvenes en la escuela secundaria digitalmente competente un estudio sobre adolescentes italianos Computadoras y Educación DOI:10.1016 / j.compedu.2011.10.004

- Comisión Económica para América Latina y el Caribe CEPAL (2000) Declaración de Florianópolis, Recuperado de http://www.eclac.org/publicaciones/xml/2/4312/florianopolis.htm

- ________ (2008) Compromiso de San Salvador, Recuperado de http://www.eclac.org/socinfo/noticias/noticias/2/32362/2008-1-TICs-Compromiso_de_San_Salvador.pdf

- ________ (2010) Plan de Acción eLAC 2015, consultado el 11 de julio de 2012, descargado de http://www.cepal.org/socinfo/noticias/documentosdetrabajo/0/41770/2010-819-eLAC-Plan_de_Accion.pdf

- Cumbre Mundial Sociedad de la Información CMSI (2003a). Declaración de Principios. Recuperado de http://www.itu.int/wsis/docs/geneva/official/dop-es.html

- Cumbre Mundial Sociedad de la Información CMSI (2003b). Plan de Acción de Ginebra. Recuperado de http://www.itu.int/wsis/docs/geneva/official/poa-es.html

- Cumbre Mundial Sociedad de la Información CMSI (2005) Compromiso de Túnez. Recuperado de http://www.itu.int/wsis/docs2/tunis/off/7-es.html

- Ertmer, P. A. (2005). Teacher pedagogical beliefs: the final frontier in our quest for technology integration?ment, 53(4), 25–39.

- Ferrés Joan. (1997). Video y educación. Madrid. Paidós.

- Freire, Paulo. (1972) .Conciencia crítica y liberación. Pedagogía del oprimido. Bogotá. Ed. América Latina.

- __________ (1978). La Educación como práctica de Libertad. México: Siglo XXI

- Freinet, E. (1977). Nacimiento de una pedagogía popular. Barcelona, Laia.

- Gonnet, J. (1995). De l'actualité à l'école. París. Armand Colin.

- Habermas, J (1999). Teoría de la Acción Comunicativa. Madrid. Taurus.

- Hermans, R., Tondeur, J., van Braak, J., & Valcke, M. (2008). The impact of primary school teachers educational beliefs on the classroom use of computers. DOI:10.1016/j.compedu.2008.02.001

- Higgins, S., y Moseley, D. (2001). Teachers, thinking about information and communications technology and learning: beliefs and outcomes. Doi: 10.1080/13664530100200138

- Huergo, Jorge Alberto (2000). Tecnologías y educación. Interrogaciones desde la trama entre cultura y política. Publicado en: Razón y Palabra. Número 16, año 4, noviembre. Recuperado de www.cem.itesm.mx/dacs/publicaciones/logos/anteriores/n16/jhuergo16.htm Consultado en septiembre 12 de 2008.

- Huergo, Jorge, (2000). La comunicación en la educación, coordenadas desde América Latina. Recuperado de http://www.cienciared.com.ar/ra/usr/9/486/fisec7_m1pp35_52.pdf.

- Inan y Lowther, 2010. La pedagogía centrada en el estudiante, el aprendizaje basado en problemas. Computers y Education. Recuperado de Memorias del II Congreso Europeo de TIC- TIES 2012. ties2012.eu/es/

- Kaplún.M (1997) .La educomunicación de medio y fines en educación. Revista Chasqui 53. Junio de 1997. Recuperado de http://chasqui.comunica.org/kaplun.htm.

- Masterman, L. (1993). La enseñanza de los medios de comunicación. Madrid. Ediciones De laTorre.

- Ministerio de Educación Nacional (2010). Revolución Educativa 2002-2010: Acciones y Lecciones. Bogotá.

- _____________ (2008). Plan Nacional de TIC 2008-2019. Todos los colombianos conectados, todos los colombianos informados. Recuperado de http://www.colombiaplantic.org.co/medios/docs/PLAN_TIC_COLOMBIA.pdf.

- PNDE (1996) Plan Nacional Decenal de Educación 1996-2005, Recuperado de http://www.plandecenal.edu.co/html/1726/articles-121191_archivo.pdf

- PNDE (2006) Plan Nacional Decenal de Educación 2006-2016 . Recuperado de http://www.plandecenal.edu.co/html/1726/articles-166057_TICS.pdf

-

- Romero Moreno, Martha . (2009) Redcomunes: Lecciones de comunicación aprendidas en la escuela. Tesis Maestria Universidad del Norte.

- UMAR. 2010. Informe final Convenio 1021 Grupo EDUPMEDIA. Montería. Universidad de Córdoba.

- UNESCO (1982) Declaración Grunwald de la UNESCO. Recuperado de unesdoc.unesco.org/images/0005/000527/052766SB

- _____________ (1984). La Educación en materia de Comunicación. París. UNESCO

- _____________ (2008). Estándares de competencias de TIC para docentes. Consultado en Agosto 26 de 2010. Recuperado de portal.unesco.org/es/ev.php-URL_ID=41553&URL_DO=DO_TOPIC&URL_SECTION=201.html

- _____________(2012). Declaración de Moscú sobre alfabetización mediática e informacional. Recuperado http://www.unesco.org/new/fileadmin/MULTIMEDIA/HQ/CI/CI/pdf/In_Focus/moscow_declaration_mil_es.pdf

- UNIVERSIDAD EAFIT. 2009 Línea I + D en Informática Educativa. Gestión y Direccionamiento Estratégico para la Oficina Asesora en Uso y Apropiación de nuevas Tecnologías. Medellín.

ACTAS ICONO14 - Nº 11 VI Simposio Las Sociedades ante el Reto Digital | 05/2013 | ASOCIACIÓN DE COMUNICACIÓN Y NUEVAS TECNOLOGÍAS
C/ Salud, 15 5º dcha. 28013 – Madrid (España) | ISBN: 978-84-15816-04-1 | CIF: G - 84075977 | www.icono14.es/actas

TWITTER, O LOS DILEMAS ASOCIADOS A LA DINÁMICA LÍDER - SEGUIDOR

Óscar Hernán Vargas Villamizar

Director de sedes

Dirección administrativa. Universidad Antonio Nariño – Cali. Calle 15N #6N-36.
Teléfono: + 57 (2) 6616192. E-mail: director.cali.f@uan.edu.co

Juan José Martí Noguera

Docente-investigador

Facultad de psicología. Universidad Antonio Nariño. Cali. Calle 15N #6N-36.
Teléfono: + 57 (2) 6616158. E-mail: juanjosemarti@uan.edu.co

Resumen

En este artículo se reflexiona acerca de la influencia de las redes sociales en la interacción entre "líderes" y seguidores", enfocándose en tres aspectos: inicialmente, se presenta la forma como la red social desafía a la visión tradicional asociada al rol del seguidor, con especial interés en la teoría del followership; posteriormente, se analiza la condición ambigua de "ser un seguidor" en contextos virtuales y como las redes sociales estimulan la resistencia contra los líderes; y finalmente, se enfatiza en el llamado a los líderes a adaptarse a la dinámica impuesta por seguidores cada vez más exigentes y críticos, cuyas identidad fluctuante pueden ser representada como una "oveja dócil", una "oveja negra", o un "lobo con piel de oveja".

Como sustento teórico se han empleado conceptos propuestos por autores vinculados a los *Critical Management Studies* (Estudios Críticos de Gestión), la perspectiva de género y la teoría del liderazgo; y se emplean ejemplos provenientes de la cultura popular y las redes sociales, con énfasis en Twitter, con el fin de ilustrar la interdependencia actual entre líderes y seguidores; en un intento por lograr una comprensión más profunda acerca de los efectos, cada vez más significativos, de la tecnología en la reconfiguración de las relaciones sociales.

Palabras clave

Seguidor, líder, Followership, redes sociales, Twitter, estudios críticos de gestión, resistencia organizacional.

ACTAS **ICONO**14 - Nº 11 VI Simposio Las Sociedades ante el Reto Digital | 05/2013 | ASOCIACIÓN DE COMUNICACIÓN Y NUEVAS TECNOLOGÍAS
C/ Salud, 15 5º dcha. 28013 – Madrid (España) | ISBN: 978-84-15816-04-1 | CIF: G - 84075977 | www.icono14.net/actas

Abstract

This article reflects on the influence of social networks in leaders and followers' interactions by focusing on three aspects: first, the way how social network challenges the traditional view regarding follower's role, with particular interest in *followership* theory, is presented; later, the ambiguous condition of "being a follower" in virtual contexts and how social networks encourage resistance against leaders are analyzed; and finally, the call to leaders to adapt themselves to the dynamic imposed by more demanding and critical followers, whose fluctuating identity can be represented as a "docile sheep", a "black sheep" or a "wolf in sheep's clothing", is emphasized.

Concepts proposed by authors engaged in Critical management studies, Gender perspective and Leadership theory are used as a theoretical support; and examples coming from popular culture and social networks, with emphasis on Twitter, are employed to illustrate the current interdependence between leaders and followers, as an attempt to reach a deeper understanding of increasingly significant effects of technology in the reconfiguration of social relations.

Keywords

Follower, leader, Followership, social network, Twitter, Critical management studies, organizational resistance.

1. Introducción: El efímero paso de Benedicto XVI por Twitter

"También Jesús fue insultado y humillado".
Claudio MariaCelli.

El 12 de diciembre de 2012, el papa Benedicto XVI publicó su primer trino en la cuenta *@pontifex*, con el objetivo de ofrecer un canal de comunicación directa con sus seguidores y bajo el principio de que "(v)a a tuitear lo que él quiera, cuando él quiera. Va a ser el 'community manager' de su propia imagen y de la Iglesia Católica", según lo informó la empresa responsable de sus comunicaciones digitales (*Así convenció*, 2012).

El ingreso de Benedicto XVI en el ciberespacio fue un proceso cuya planeación requirió dos años, soportado en un programa de formación digital para el personal de la Santa Sede y la construcción de un portal de noticias. Asimismo, se tomó la decisión estratégica de elegir a Twitter en lugar de otras redes sociales, puesto que Claudio MariaCelli, presidente del *Pontificio Consejo para las Comunicaciones Sociales* (PCCS), consideró que "(p)or su estructura, Facebook es demasiado personal, al contrario Twitter es más institucional" (*Benedicto XVI prefiere Twitter*, 2013).

ACTAS **ICONO**14 - Nº 11 VI Simposio Las Sociedades ante el Reto Digital | 05/2013 | ASOCIACIÓN DE COMUNICACIÓN Y NUEVAS TECNOLOGÍAS
C/ Salud, 15 5º dcha. 28013 – Madrid (España) | ISBN: 978-84-15816-04-1 | CIF: G - 84075977 | www.icono14.es/actas

Sin embargo, apenas en su primer mes en Twitter, la cuenta @pontifex enfrentó más contratiempos de los esperados: según un informe del Instituto Italiano de Investigaciones sobre la Comunicación Digital, citado por *semana.com* (2013), la cuenta del Papa recibió un total de 26.426 mensajes positivos contra 22.542 mensajes negativos; y entre estos últimos, el 26% eran protestas contra el manejo dado por la iglesia a los casos de pederastia, el 25% fueron insultos sin trasfondo, el 20% criticaron la acumulación de riqueza de la iglesia, el 16% eran comentarios sarcásticos, el 8,5% rechazaba la posición de la iglesia católica contra el matrimonio homosexual y el 2,5% fueron reproches a la fe cristiana. (*Al papa lo odian*, 2013). Al ser interrogado ante la recepción negativa y críticas contra el Papa a través de Twitter, Claudio María Celli pronunció la frase que encabeza este apartado, donde enfatiza que Jesucristo, más allá de su figura santificada, también tuvo que soportar los virulentos ataques de sus críticos.

Tal como lo enuncia Collinson (2005), los líderes a menudo se sorprenden de las formas imprevistas en que los seguidores reaccionan a sus planes: La experiencia papal en el ciberespacio plantea la ambigüedad del uso del concepto de "seguidor" en un ambiente virtual, donde las personas que siguen a un líder de opinión pueden asumir posiciones de apoyo, que es la actitud que normalmente se espera de aquel que "sigue", pero también de desinterés o de resistencia, directa o velada, hacia su discurso.

La comprensión de la relación entre líderes y seguidores en el contexto de las redes sociales es de vital importancia para la organización actual, puesto que el reto que enfrentó Benedicto XVI al relacionarse directamente con sus seguidores ahora lo asumirá su sucesor, el papa Francisco, quien el domingo 17 de abril de 2013 emitió su primer trino en la cuenta @pontifex, y es un reto que están asumiendo cada vez más líderes políticos y sociales; y por esto los autores han considerado que esta es una reflexión necesaria acera de una temática poco explorada en ámbitos académicos.

2. Objetivos

En este escrito se desarrollará una reflexión acerca de los dilemas asociados a la comprensión de la relación actual entre líderes y seguidores en ambientes virtuales, y la influencia de este cambio en ámbitos "reales".

Inicialmente, se presentará la forma como las redes sociales han modificado la interacción entre líderes y seguidores, y la manera como cada uno de estos grupos percibe los cambios en su rol; posteriormente, se analizará a las redes sociales, con especial énfasis en Twitter, como un medio para el ejercicio de la microrresistencia contra el poder establecido; después, se planteará el reto de la organización de adaptarse y comprender al seguidor actual; y finalmente, como cierre se reflexionará acerca del valor de los contenidos de las redes para las generaciones futuras.

3. Metodología

Para el desarrollo de esta reflexión se ha acogido la perspectiva propuesta por los *Critical Management Studies* (Estudios Críticos de Gestión) que asumen que las teorías administrativas son problemáticas y abiertas a la discusión, en contraposición a la perspectiva tradicional (Alvesson y Willmott, 1992; Fournier y Grey, 2000), por lo que su utilización implica la asunción de que hay algo incorrecto en el *Management*, como práctica y como núcleo de conocimiento, siendo susceptible de ser cambiado (Fournier and Grey, 2000, p. 16). A diferencia de los estudios tradicionales, el propósito final de los estudios alineados con una visión crítica no es el diseño de mejores modelos para la implementación, según la estructura "N-pasos para lograr la meta X en la organización Y", sino la redefinición de una situación de investigación específica, en busca de formas alternativas para la práctica de la gestión en las organizaciones (Alvesson y Deetz, 2000).

Asociado a lo anterior, esta reflexión está sustentada en el uso de información y ejemplos provenientes de documentos técnicos y de páginas informativas en la web, con el fin de reflexionar acerca de las asunciones realizadas desde la teoría tradicional del liderazgo y los dilemas que, desde una perspectiva crítica, afronta la organización actual ante el uso de la misma para interpretar al seguidor actual y la manera en que se relaciona con los líderes.

4. La relación líder-seguidor vista desde el lente de internet.

> "Lo que una vez está escrito, rueda de mano en mano,
> pasando de los que entienden la materia a aquellos
> para quienes no ha sido escrita la obra, y no sabiendo,
> por consiguiente, ni con quién debe hablar,
> ni con quién debe callarse".
> Platón.

4.1. La primavera árabe, o el poder de las redes de información.

En el diálogo Fedro, que data del año 370 a.c., Platón (1871) meditó acerca de los retos que planteaba para la cultura griega el uso de la escritura como tecnología, en reemplazo de la tradición oral, como medio principal de transmisión de conocimiento. En este diálogo se plantea, entre otros temas, que la difusión de textos escritos puede tornarse en una actividad subversiva, debido a la reinterpretación que el lector hace de los pensamientos del autor puesto que no es posible controlar quien tendrá acceso al texto ni la interpretación que le dará al mismo. El poder de la palabra escrita y su capacidad de "rodar de mano en mano" se ha visto magnificado en la sociedad actual gracias al perfeccionamiento de las tecnologías de la información y a su capacidad para establecer redes relacionales; donde la acción de una persona anónima logra un impacto insospechado que la logrado, que incluso ha logrado poner a gobiernos en jaque[1].

En un estudio de la Universidad de Washington, Howard, Duffy, Freelon, Hussain, Mari y Mazaid (2011) analizan el rol de las redes sociales en el inicio del movimiento "Primavera árabe", que ha desencadenado una serie de protestas y alzamientos populares que han causado el derrocamiento de los gobiernos de Túnez (24 años en el poder), Egipto (30 años) y Libia (42 años) y que hoy en día persisten en países como Yemen y Siria. Basado en Howard y otros (2011), la inmolación de Mohammed Bouazizi, un humilde vendedor ambulante, frente al palacio presidencial de Túnez hubiese pasado desapercibido a no ser porque su historia fue compartida por los usuarios de Facebook, Twitter y Youtube; volviéndose una figura icónica que inspiró a los disidentes a organizar protestas masivas, a criticar al gobierno dictatorial y a exigir apertura democrática en el país. En este contexto, la blogósfera ofreció un espacio libre para el diálogo acerca de la necesidad del cambio político y la condena de la corrupción gubernamental, utilizando las nuevas tecnologías para realizar ataques a la imagen del presidente Zine El Abidine Ben Ali, tales como la difusión de un video donde se presentaba a su esposa usando el avión presidencial para ir de compras a Europa (Howard y otros, 2011).

Así, la información compartida en el cibesespacio empezó a tener una expansión viral que fue impactando a los demás países árabes: entre las cifras presentadas por Howard y otros (2010), se destacan que el día que el presidente tunecino Ben Alí renunció al poder hubo 2.200 trinos provenientes de países como Argelia, Bahrein, Egipto, Marruecos, Yemen y Egipto; y que en la semana previa a la renuncia de Hosni Mubarak, presidente de Egipto, el total de trinos donde se exigía un cambio político en el país había pasado de 2.300 a 230.000 por día.

Efectos como estos eran imprevisibles en el 2006, cuando Twitter inició operaciones con el modesto propósito de permitir a las personas que informaran a otros, en 140 caracteres o menos, lo que estaban haciendo en el momento. En sus siete años de vida el modelo de Twitter se ha sofisticado, permitiendo el intercambio de hipervínculos, de material multimedia y la posibilidad de crear temas de discusión; con repercusiones tan impactantes e inesperadas como las asociadas a la Primavera árabe donde, según Howard y otros (2011), los trinos ofrecieron un sentido de diálogo activo acerca de la necesidad de libertad, trascendiendo a las fronteras nacionales. Como ejemplo, estos autores indican que el día que Ben Alí abandonó Túnez, la periodista egipcia Gigi Ibrahim declaró que "la revolución tunecina está siendo twitterizada... la historia está siendo escrita por la gente" y el bloguero egipcio Tarek Shalaby respondió y difundió el mensaje, añadiendo "¡Los seguiremos!" (Howard y otros, 2011, p. 13).

---

[1] Como ejemplo previo a la aparición formal de las redes sociales, vale la pena registrar el caso de las elecciones españolas del 2004, donde se organizaron marchas para recriminar al Partido Popular (PP) por su falta de transparencia informativa luego de los atentados terroristas al sistema de metro de Madrid. Estas marchas fueron convocadas por medio de mensajes de texto cuyo tráfico, tal como lo informó el diario El País (Delclós, 2004), se incrementó entre un 20% y un 40% en los días previos a las elecciones, las cuales perdió el PP ante el PSOE. Véase De Ugarte (2004) para tener una visión completa del caso.

ACTAS **ICONO**14 - Nº 11 VI Simposio Las Sociedades ante el Reto Digital | 05/2013 | ASOCIACIÓN DE COMUNICACIÓN Y NUEVAS TECNOLOGÍAS

C/ Salud, 15 5º dcha. 28013 – Madrid (España) | ISBN: 978-84-15816-04-1 | CIF: G - 84075977 | www.icono14.es/actas

4.2. Las redes sociales, o los retos del líder en internet.

Este ejemplo permite ilustrar el elemento clave de la naturaleza de Twitter que ha estado desde sus inicios y cuyo potencial ha sido adoptado y reforzado por sus usuarios: el concepto de "seguidor". En forma simplificada, el modelo de Twitter se basa en la aceptación voluntaria, por parte de una persona o una entidad, a "seguir" a otros; asumiéndose que esta aceptación otorga la posibilidad de influir en las opiniones de aquel que sigue (Cha, Haddidi, Benevenuto y Gummadi, 2010); siendo una condición fundamental para el ejercicio del liderazgo puesto que, según Peter Drucker, la única característica común a todo líder es que cuente con seguidores (Karlgaard, 2004).

El liderazgo ha sido uno de los temas esenciales de la literatura gerencial, siendo posible encontrar más de 107.000 títulos sobre el tema en Amazon.com. No obstante, un punto común en la teoría tradicional del liderazgo ha sido la negación o menosprecio del rol del seguidor en la literatura sobre el tema (Bennis, 2010; Thach, Thompson y Morris, 2006)[2], donde el liderazgo es visto en forma idealizada como limitado a un grupo reducido de "elegidos", como Zine Ben Alí o Hosni Mubarak; en contraposición al estereotipo del seguidor, que es estigmatizado como la "oveja dócil" (Collinson, 2006) que hace parte del rebaño indistinto.

Warren Bennis, quien es ampliamente reconocido como uno de los pioneros de los estudios sobre liderazgo, opinó a sus 85 años que es necesario un replanteamiento de estas teorías en el contexto actual al preguntarse: "¿Qué significa el liderazgo en un mundo donde *bloggers* anónimos escogen presidentes y derrocan regímenes?" (Bennis, 2010, p.3). El ancestral temor platónico a la separación entre el hombre y el propósito original de su mensaje cobra forma en el mundo actual, puesto que la información ya no puede ser vista como una construcción uniforme que elabora un líder y que es asimilada por un seguidor, en una relación de una vía.

Según el informe *World Leaders on Twitter*, preparado por la empresa de consultoría digital *Digital Daya* (2012), la intensificación del activismo digital, que es visto como una amenaza creciente para los gobiernos mundiales[3], es una de las posibles causas del aumento de la participación de los líderes políticos en Twitter, como estrategia para manejar las relaciones con sus gobernados sin intermediarios que alteren su discurso, reconociendo la incapacidad de controlar el flujo de información entre usuarios. La tendencia de ejercer presencia directa en las redes sociales, sin depender de los medios tradicionales, es uno de los motivos para que en el 2012 el porcentaje de jefes de estado con cuenta en Twitter sea del 75%, siendo un incremento importante en comparación al 20% que contaba con ella en el 2010 (Digital Daya, 2012).

Los líderes políticos ven a las redes sociales como ruedos donde tienen que hacer presencia para contrarrestar a sus opositores, tal como puede inferirse del estudio citado, que etiqueta a un grupo de regímenes como "no democráticos" y afirma que solo 16 de esos países tenían

---

[2] Según cálculos presentados en Thach y otros (2006), la relación entre libros que enfatizan el rol del líder y aquellos que dan mayor importancia al rol del seguidor es de 120 a 1.
[3] Por ejemplo, en Howard y otros (2011) se menciona la intervención de grupos de *hackers* como Anonymous en la eliminación de los bloqueos que los gobiernos de Túnez y Egipto trataron de imponer a las redes sociales.

ACTAS ICONO14 - Nº 11 VI Simposio Las Sociedades ante el Reto Digital | 05/2013 | ASOCIACIÓN DE COMUNICACIÓN Y NUEVAS TECNOLOGÍAS

C/ Salud, 15 5º dcha. 28013 – Madrid (España) | ISBN: 978-84-15816-04-1 | CIF: G - 84075977 | www.icono14.es/actas

cuenta en Twitter, número que se pasó a 42 países en el 2012 (Digital Daya, 2012). Lo anterior permitiría pensar que, basado en la experiencia de la Primavera árabe, el secretismo no es una opción que pueda practicarse en forma radical en el ciberespacio, tal como en el caso de Corea del Norte, un país guiado por una filosofía ultranacionalista y aislacionista, pero que ha abierto la cuenta @uriminzokkiri para transmitir su pensamiento político, a pesar de que casi ningún habitante de su territorio puede unirse a ella, por la férrea restricción al acceso a internet. Mientras tanto, otros países con regímenes estatales fuertes, como China, han optado por controlar las manifestaciones subversivas a través de alternativas como *weibo.com,* una red social que sigue la normatividad establecida por el Partido Comunista Chino, como opción para el ciudadano ante la prohibición del uso en su territorio de redes como Twitter y Facebook.

Las fugas de información, y las consecuencias de que el conocimiento llegue a personas equivocadas, han incrementado los temores de los líderes acerca de las reacciones negativas de sus seguidores ante sus actuaciones. Este fenómeno fue evidente en el caso de *Wikileaks*, que afectó a gobiernos tan poderosos como el estadounidense, y con manifestaciones en otros estados pequeños pero poderosos como la Santa Sede, que tuvo su propia versión con los *Vatileaks[4],* que ha provocado un estado de ansiedad tal que el Vaticano prohibió a los cardenales que participaron en el Cónclave que eligió al papa Francisco a publicar trinos en Twitter, o de lo contrario serán castigados con la excomunión, según lo informó el diario *El Tiempo* (2013); y con inhibidores de frecuencia para evitar la comunicación con el exterior, como lo comunicó el diario *El Mundo* (Galván, 2013).

En los casos anteriores se observa la preocupación de los líderes políticos ante un escenario donde incluso "un adolescente con una cámara en su celular tiene un inmenso poder". (Bennis, 2010, p.4). Se entiende que el poder del líder se sustenta en la posibilidad de influir en otros, y para Cha y otros (2010), la comprensión de los patrones de influencia es fundamental para la organización actual, requiriéndose enfoques que vayan más allá de las teorías comunicacionales tradicionales, en las cuales se plantea que solo una minoría tiene la capacidad de persuadir a otros, y donde se menosprecia a la interacción entre pares y amigos como factores clave para influir en la formación de opiniones.

Cha y otros (2010) hacen referencia a estudios académicos donde, a través de simulaciones, se ha visto que los líderes políticos y sociales generan más discusiones que los usuarios normales, pero su capacidad de influencia es insuficiente para lograr que la discusión se disperse en forma masiva en forma de textos o *memes[5]*. No obstante, según Cha y otros (2010), estos planteamientos aún son hipótesis, puesto que la falta de información empírica y la

---

[4] Vatileaks es el nombre dado al robo y filtración de documentos secretos del Vaticano por parte del mayordomo del Papa, Paolo Gabriele. Según el diario español ABC (2013), Benedicto XVI ha ordenado una investigación para esclarecer el caso, cuyos resultados serán entregados al siguiente Papa.

[5] El término *meme* fue acuñado por Richard Dawkins en *TheSelfish Gene* (1989) para denominar a la unidad de transmisión cultural, y "tal como los genes se propagan a sí mismos en la piscina genética pasando de cuerpo en cuerpo por medio de la esperma o de óvulos, así los memes se propagan en la piscina de memes saltando de cerebro en cerebro a través de un proceso que, en un sentido amplio, puede ser llamado de imitación"(p. 192). En el ámbito de Twitter, por ejemplo, los memes son unidades básicas para la difusión de información por medio de,entre otros, hipervínculos, fotografías y *hashtags*(agrupaciones de mensajes con que guardan una conexión en común representada así: #concepto). Como ejemplo del potencial viral de los memes se recomienda consultar en Youtube los videos de "Harlem Shake".

ACTAS **ICONO**14 - Nº 11 VI Simposio Las Sociedades ante el Reto Digital | 05/2013 | ASOCIACIÓN DE COMUNICACIÓN Y NUEVAS TECNOLOGÍAS

C/ Salud, 15 5º dcha. 28013 – Madrid (España) | ISBN: 978-84-15816-04-1 | CIF: G - 84075977 | www.icono14.es/actas

ambivalencia en el concepto de lo que significa "ser influyente" en el contexto actual, impide un conocimiento amplio acerca del proceso; por lo que la comprensión de la forma en que las personas influyen unos a otros aún es un campo por explorar (Cha y otros, 2010; Chen, 2011).

4.3. Followership, o la necesidad de nuevos modelos para entender al seguidor.

La teoría administrativa se ha preocupado en los últimos años por involucrar al seguidor en forma más activa dentro de su cuerpo de conocimiento, planteando el "liderazgo basado en los seguidores" (Carsten, Uhl-Bien, West, Patera y McGregor, 2010) donde se analiza la forma en que el seguidor percibe y juzga a su líder. No obstante, esta teoría aún mantiene su foco en la figura carismática del líder, por lo que se ha desarrollado en forma incipiente el campo del *followership* (Carsten y otros, 2010; Thach y otros, 2006), siendo un área tan poco explorada que aún no hay una palabra española plenamente reconocida como equivalente en nuestro idioma.

El *followership*[6] va más allá del concepto de liderazgo basado en los seguidores, al concentrarse en la forma en que el seguidor se percibe a sí mismo y asume su rol cuando entra en contacto con el líder. En el ámbito actual, se percibe al proceso de "seguir" a otro como una expresión activa de su relación con el sujeto a seguir; por lo que la decisión de hacerse seguidor es una decisión política cada vez más relevante, tal como fue previsto por la empresa responsable del ingreso de Benedicto XVI a Twitter quienes, tomando como guía a la cuenta del Dalai Lama[7]; tomaron la decisión de que @pontifex no seguiría a nadie pues "(s)i el papa comienza a seguir a unos obispos o cardenales y no sigue a otros, sería un lío", tal como lo consigna el portal *20minutos.es* (2012).En el caso anterior, el Papa prefirió abstenerse de causar molestia a sus seguidores, quienes en forma activa juzgarían la falta de reciprocidad al seguir pero no ser seguidos: Los comportamientos del seguidor, desde la perspectiva del *followership*, admiten una perspectiva alterna a la enunciada por la teoría tradicional, que se basa en el postulado del "seguidor excelente" como aquel que asimila y se identifica plenamente con el mensaje del líder (Ismarson y Vargas, 2010). Así, se entiende que la persona puede establecer una distancia entre el discurso del líder y el propio ("no estoy dispuesto a hacer lo que dice"), replanteando la comunicación (expresando o reprimiendo sus opiniones por intereses personales), y proponiendo alternativas a los postulados del líder (Carsten y otros, 2010; Collison, 2006).

Asimismo, la relación entre líder y seguidor en redes sociales como Twitter se basa en un reconocimiento mutuo y autónomo, donde uno depende del otro: el seguidor acepta el estatus de aquel a quien sigue pero condiciona su relación, teniendo la opción de adoptar la actitud

---

[6] Para un recuento detallado de artículos que analicen el Enfoque basado en seguidores y el followership, véase Carsten y otros (2010).

[7] La posición del Dalai Lama de rehusarse a seguir a otros ha sido criticada a través de un meme anónimo que expresa: "5.7 Millones de seguidores de Twitter. No sigue a nadie" y muestra una foto de la máxima autoridad del budismo tibetano con un aire burlón.

ACTAS **ICONO**14 - Nº 11 VI Simposio Las Sociedades ante el Reto Digital | 05/2013 | ASOCIACIÓN DE COMUNICACIÓN Y NUEVAS TECNOLOGÍAS

C/ Salud, 15 5º dcha. 28013 – Madrid (España) | ISBN: 978-84-15816-04-1 | CIF: G - 84075977 | www.icono14.es/actas

tradicional de subordinación al discurso o de establecer una posición más dinámica, actuando como un compañero o par (Carsten y otros, 2010), o incluso asumiendo una posición de "adversario" que se resiste a su discurso.

5. Red social y microrresistencia virtual.

> "Quién acaso ha olvidado esa dolorosa brecha entre
> las fantasías sin límites de la niñez y
> las sobrias realidades de la adultez,
> en la cual nunca nos convertiremos en el
> dios que quisimos ser".
> Warren Bennis.

Warren Bennis (2010) nos recuerda que la mayor parte del tiempo todos somos seguidores y en muy pocas ocasiones somos líderes; y recurre para ello a la frase del encabezado, donde reproduce la perspectiva tradicional del seguidor como el personaje gris que renuncia a sus aspiraciones y acepta en forma sumisa el poder de otros.

No obstante, el mundo virtual ofrece una oportunidad que el mundo "real" normalmente niega: la fantasía de enfrentar a aquellos que tienen poder y cuyos discursos no se comparten. Los procesos de poder-resistencia es un tema clave de estudio en la teoría administrativa vista desde un enfoque crítico[8]; y desde una visión actual, se argumenta que la visión del sujeto como un ser pasivo y construido por el discurso es pesimista y nihilista (Thomas y Davies, 2005); argumentándose que el ejercicio de la resistencia puede definirse en forma más activa, a través de un rango de estrategias "micropolíticas" como manifestaciones que subvierten los discursos dominantes (Bohm, Spicer y Fleming, 2008).

Fleming y Spicer (2003) plantean que la resistencia contra el poder organizacional se expresa cada vez menos a través de arengas provenientes de grupos políticos de presión, como los sindicatos, y cada vez más a través de tácticas discursivas sutiles tales como el uso del humor, la ironía, el chisme, y el grafiti, entre otros (Costas y Fleming, 2009; Mumby y Stohl, 2005). Ante esto, puede considerarse a las redes sociales como ambientes ideales para el ejercicio de la "microrresistencia" organizacional; a través de la publicación de comentarios o información multimedia donde el uso del humor, el sarcasmo y la parodia desmitifica a los líderes con resultados imprevisibles, que pueden oscilar entre el paso desapercibido hasta la difusión global; donde los temores a represalias son menores y las normas restrictivas son más laxas que en el contexto "real", por lo que, en ocasiones, podría compararse a Twitter con la pared de un baño público, un sitio donde se comparte opiniones, en ocasiones escatológicas, acerca de lo que pasa en la sociedad.

---

[8] Se recomienda la lectura de *ResistingThroughCorporateValues* de Ismarson y Vargas (2010), donde se ofrece una introducción a la evolución del concepto de resistencia en los Estudios Críticos de Gerencia, cuya concepción ha mutado de ser considerada como una variable externa al individuo a ser vista como proveniente de este.

ACTAS **ICONO**14 - Nº 11 VI Simposio Las Sociedades ante el Reto Digital | 05/2013 | ASOCIACIÓN DE COMUNICACIÓN Y NUEVAS TECNOLOGÍAS

C/ Salud, 15 5º dcha. 28013 – Madrid (España) | ISBN: 978-84-15816-04-1 | CIF: G - 84075977 | www.icono14.es/actas

Para David Collinson (2006) la teoría tradicional del liderazgo presenta al líder como el sujeto y al seguidor como el objeto a manipular; lo que ignora la capacidad de este último para desarrollar acciones de resistencia; y para el mismo autor, la comunicación electrónica se convertirá en un campo de batalla para el ejercicio de la resistencia organizacional, donde el distanciamiento y la posibilidad de encubrimiento podrían facilitar las reacciones contra el sistema y sus símbolos de poder.

Interpretando a Collinson (2006), se puede decir que los seguidores tienen una identidad fragmentada, siendo una mezcla de comportamiento conformista ante los líderes, que podría caracterizarse por medio de la metáfora de la "oveja blanca y dócil"; pero también puede expresar resistencia activa ante sus acciones, como una "oveja negra"; e incluso podría ejercer un manejo dramatúrgico de su relación, por medio de la cual expresan opiniones políticamente correctas en los ambientes sociales y laborales mientras usan medios marginales para expresar sus verdaderas posiciones acerca del orden imperante, tal como lo haría un "lobo con piel de oveja".

Según el post-estructuralismo, la identidad de la persona no es fija y objetiva sino abierta, negociable y ambigua (Collinson, 2006); por lo que los esfuerzos para construir identidades coherentes pueden generar resultados contradictorios, tal como sucedió con la cuenta @pontifex. Rara vez se considera en la literatura sobre liderazgo la forma en que los seguidores impactan las identidades de sus líderes, aunque la dinámica actual de las redes sociales obligará a replantearse varios supuestos debido a la naturaleza paradójica de redes como Twitter, donde un fiel seguidor puede ser también el mayor contradictor, y donde conviven diferentes identidades en cada usuario, quienes adoptan, según el contexto, el rol de *ovejas blancas, ovejas negras* o *lobos con piel de oveja.*

6. El reto de la organización ante la nueva dinámica líder/seguidor.

El filósofo esloveno Slavoj Žižek, uno de los pensadores más influyentes en nuestro tiempo, reflexiona acerca del planteamiento tradicional que considera a las redes sociales como entes ajenos a la vida humana, y opina que "(m)uchos se quejan de que Twitter o Facebook son comunidades artificiales, sucedáneos de la interacción humana cara a cara. Yo celebro estas comunidades artificiales; te permiten escapar de tu lugar asignado en la sociedad. Imagina vivir en un país como Arabia Saudí. Yo me sentiría liberado usando Twitter" (Lenore, 2011). Concordando con Žižek, las comunidades *online* ofrecen la oportunidad de forjar múltiples identidades que permiten eludir las obligaciones impuestas por los roles sociales y enfrentar a la falta de libertad y la corrupción gubernamental, tal como lo expresó un ciudadano saudí al *New York Times:* "Twitter para nosotros es como el parlamento, pero no la clase de parlamento que hay en la región... Es un parlamento real, donde las personas de todas las posiciones políticas se reúnen y hablan libremente" (Worth, 2012).

ACTAS **ICONO**14 - Nº 11 VI Simposio Las Sociedades ante el Reto Digital | 05/2013 | ASOCIACIÓN DE COMUNICACIÓN Y NUEVAS TECNOLOGÍAS
C/ Salud, 15 5º dcha. 28013 – Madrid (España) | ISBN: 978-84-15816-04-1 | CIF: G - 84075977 | www.icono14.es/actas

Ante esto, los gobiernos tienen la disyuntiva entre tolerar la resistencia de sus seguidores o tratar de acallar sus voces, arriesgándose a sufrir el *efecto Streisand*[9]. Siguiendo nuestro ejemplo inicial, Paul Tighe, secretario del PCCS del Vaticano, informó que no sería bloqueado ninguno de los seguidores de la cuenta @pontifex que expresaron comentarios negativos hacia la iglesia, puesto que "(e)n este campo puedes pasarte la vida tratando de sacar a aquellos que están contra ti, pero en ese caso ellos habrían ganado porque decidieron tu mensaje" (*Benedicto XVI prefiere Twitter*, 2013).

Anteriormente se ha comentado sobre la ambigüedad intrínseca en el uso del concepto de "seguidor" en Twitter, donde la persona puede adoptar múltiples posiciones en forma simultánea y, tal como lo enuncia Žižek, las comunidades artificiales ofrecen oportunidades para la liberación del ser: Una de las metáforas más conocidas de la teoría feminista es el *cyborg*, propuesta por Donna Haraway (1991) y que, en sus palabras, es un híbrido entre máquina y organismo vivo, una criatura que simultáneamente pertenece a la realidad social y a la ficción. Para Haraway, el *cyborg* es una "especie de yo personal, postmoderno y colectivo, desmontado y vuelto a montar". (Haraway, 1991). Actualmente, la metáfora del *cyborg* nos permite entender en forma más precisa la línea difusa entre ser y tecnología, donde las personas interactúan simultáneamente por medio de relaciones "cara a cara" y empleando computadores y dispositivos móviles. La vida transcurre entre comunidades "reales" y "artificiales" que se entrecruzan, en redes sociales que redefinen, por ejemplo, el concepto de "amigo" para diferenciar al "amigo físico" del "amigo de Facebook"; o que permiten reinterpretar la forma en que se autoconstruye el rol de seguidor y su relación con el líder.

Como ejemplo proveniente de la cultura popular de la redefinición de la relación entre líder y seguidor, la famosa estrella pop Lady Gaga ha expresado que su aspiración es "liberar" a sus fans de sus miedos a través de la "creación de su propio espacio en el mundo" (Corona, 2006, p. 2). Para ello, recurre a las redes sociales como Twitter, donde su cuenta @ladygaga cuenta con más de 35 millones de seguidores y que autoproclamada como el momento*"When POP sucks the tits of ART" (Cuando el POP succiona los pechos del ARTE),* ofreciendo un espacio donde sus seguidores, a quienes denomina "pequeños monstruos", expresan todo aquello que no pueden demostrar en sus "comunidades reales". Siguiendo a Corona (2011), la exaltación de sus seguidores como "pequeños monstruos", seres que no concuerdan con el orden natural, es una metáfora del mundo que cambia rápidamente y nos exige a ser y a tener más, que nos exige ser más competentes y rentables, pero que genera ansiedad y alienación, por lo que es necesario ofrecer salidas al individuo; y las redes sociales ofrecen la oportunidad de lograr el equilibrio vital a través de la gerencia de la identidad fragmentada, que se mueve en forma

---

[9] Este efecto enuncia que cualquier intento por eliminar un contenido de la red solamente ocasionará que más personas se interesen por él y empleen medios diversos para garantizar su difusión. El nombre está asociado con la cantante BarbraStreisand, quien en el 2003 estableció acciones legales para que la foto de su casa fuera eliminada de un portal de noticias, lo que ocasionó que múltiples internautas difundieran la imagen y se hiciera mucho más popular (Arthur, 2009).

ACTAS ICONO14 - Nº 11 VI Simposio Las Sociedades ante el Reto Digital | 05/2013 | ASOCIACIÓN DE COMUNICACIÓN Y NUEVAS TECNOLOGÍAS

C/ Salud, 15 5º dcha. 28013 – Madrid (España) | ISBN: 978-84-15816-04-1 | CIF: G - 84075977 | www.icono14.es/actas

indistinta entre el mundo tangible de las relaciones reales y el ambiente fantasmagórico de las relaciones virtuales.

Así, el reto que afronta la organización actual es la adaptación a la nueva dinámica entre líder y seguidor, donde el rol del líder estará cada vez más expuesto a la crítica por parte de aquellos a quienes quiere influir, y donde las interacciones sociales serán cada vez menos unitarias y más cambiantes, siendo el seguidor más consciente de su rol y de su capacidad para construir su identidad en forma autónoma, ya sea en el mundo real o virtual; creando una brecha entre la teoría tradicional, que considera al seguidor como una "oveja dócil", y la reinterpretación del rol del seguidor en la red social, donde puede verse a sí mismo como un "pequeño monstruo".

7. Conclusiones.

> "La oposición se cree la dueña de las redes sociales.
> Cree que Twitter y Facebook es de ellos.
> Nosotros estamos dando la batalla y
> somos siete millones de militantes que tendremos Twitter"
> Hugo Chávez.

El fallecido expresidente venezolano Hugo Chávez fue un activo militante en redes sociales, empleando a su cuenta @chavezcandanga como medio de difusión de su ideología en búsqueda de una relación cercana con sus seguidores, a quienes exhortó aprender a usar las redes sociales, puesto que la batalla, según él, se libraba "de la estratósfera hasta el subsuelo" (Diario Panorama, 2010). Ante este ejemplo y otros presentados anteriormente, el grado actual de conexión entre líderes y seguidores no tiene parangón histórico; pero aún se requiere más análisis acerca de las implicaciones de esta situación puesto que, tal como lo indican Thomas y Davies (2005), la resistencia ante el poder lo hace tangible; y la validación que hace el líder al argumento del usuario anónimo lo separa de la masa indistinta, otorgándole un poder y un grado de autoconciencia de sí mismo que puede convertirse en una "espada de doble filo".

Las redes sociales aún son un fenómeno muy reciente por lo que no es posible comprender plenamente su impacto futuro, y hay voces que plantean que hay que evaluar cuidadosamente su verdadero alcance, como la del escritor libio Hisham Matar, quien expresa que el rol de las redes sociales durante la Primavera árabe ha sido sobredimensionada, puesto que estas redes están asociadas a la élite, y no a la clase trabajadora, y que no puede trivializarse las causas de este movimiento revolucionario, que se ha gestado durante décadas (Singh, 2011). Sin embargo, Matar reconoce al diario *The Telegraph* (Singh, 2011) que las redes sociales han transformado el discurso político:

"Lo que es realmente excitante es que ofrecen una nueva forma de comunicación a la nueva generación. Es casi como un nuevo lenguaje que los hace sentir empoderados en medio de una cultura que limita el empoderamiento... En Túnez y Egipto, pienso que Facebook y Twitter

ACTAS **ICONO**14 - Nº 11 VI Simposio Las Sociedades ante el Reto Digital | 05/2013 | ASOCIACIÓN DE COMUNICACIÓN Y NUEVAS TECNOLOGÍAS

C/ Salud, 15 5º dcha. 28013 – Madrid (España) | ISBN: 978-84-15816-04-1 | CIF: G - 84075977 | www.icono14.es/actas

han creado un discurso político que ha eludido al viejo régimen. Los dictadores no solo se apoderan de dinero y bienes sino de la narrativa. Internet ha creado un nuevo lenguaje".

Este nuevo lenguaje, cuya unidad básica en Twitter es el trino, ha adquirido tal relevancia como herramienta para estudios sociales que la biblioteca del Congreso de Estados Unidos ha iniciado un proceso titánico para archivar todos aquellos que han sido publicados en la red (Luckerson, 2013), lo que otorga legitimidad a los textos provenientes de aquellos que no son considerados como parte de la minoría de líderes intelectuales, contribuyendo a la democratización del conocimiento. El avance en las redes sociales y el aumento de la sofisticación en su uso por parte de los usuarios abre las puertas a cambios que aún son imposibles de predecir y que seguirán sorprendiendo, pues tal como lo dijo el escritor de ciencia ficción Arthur C. Clarke, "toda tecnología lo suficientemente avanzada es indistinguible de la magia".

Referencias

- Al Papa lo odian y lo quieren por igual en Twitter. (2013, enero 29). Revista Semana. Recuperado de http://www.semana.com/gente/articulo/al-papa-odian-quieren-igual-twitter/331079-3

- Alvesson, M., & Deetz, S. (2000). Doing critical management research. Londres: Sage.

- Alvesson, M., & Willmott, H. (1992). On the Idea of Emancipation in Management and Organizational Studies. The Academy of Management Review, 17(3), 432-464.

- Arthur, C. (2009, marzo 19). The Streisand effect: secrecy in the digital age. The Guardian. Recuperado de http://www.guardian.co.uk/technology/2009/mar/20/streisand-effect-internet-law

- Así convenció una empresa madrileña al papa para meterse en Twitter. (2012. Diciembre 16). 20minutos.es. Recuperado de http://www.20minutos.es/noticia/1668070/0/papa/twitter/empresa-espanola/

- Benedicto XVI prefiere Twitter y descarta entrar en Facebook: "Es demasiado personal". (2013, enero 24). 20minutos.es. Recuperado de http://www.20minutos.es/noticia/1711049/0/papa-benedicto-xvi/facebook/twitter/

- Bennis, W. (2010). The Art of Followership. Leadership Excellence, 3, 3-4.

- Bohm, S., Spicer, A., & Fleming, P. (2008). Infra-political dimensions of resistance to international business: A Neo-Gramscian approach. Scandinavian Journal of Management, 24, 169-182.

- Carsten, M. K., Ulh-Bien, M., West, B. J., Patera, J. L, & McGregor, R. (2010). Exploring social constructions of followership: A qualitative study. The Leadership Quarterly, 21, 543-562.

- Cha, M., Haddidi, H., Benevenuto, F., & Gummadi, K. P. (2013). Measuring User Influence in Twitter: The Million Follower Fallacy. Association for the Advancement of Artificial Intelligence. Recuperado de http://snap.stanford.edu/class/cs224w-readings/cha10influence.pdf

- Chávez desembarca en Twitter. (2010, abril 28). Diario Panorama. Recuperado de http://www.diariopanorama.com/seccion/el-mundo_17_1/chavez-desembarca-en-twitter_a_62763

- Chen, G. M. (2011). Tweet this: A uses and gratifications perspective on how active Twitter use gratifies a need to connect with others. Computer in Human Behavior, 27(2), 755-762.

- Collinson, D. (2006). Rethinking Followership: A post-structuralist analysis of follower identities. TheLeadership Quarterly, 17(2), 179-189.

- Corona, V. P. (2011). Memory, Monsters and Lady Gaga. The Journal of Popular Culture, 44(2), 1-19.

- Costas, J., & Fleming, P. (2009). Beyond dis-identification: A discursive approach to self-alienation in contemporary organizations. Human Relations, 62(3), 353–378.

- Dawkins, R. (1989). The selfish gene. Oxford: Oxford University Press.

- De Ugarte, D. (2004). 11M Redes para ganar una guerra. Barcelona: Icaria.

- Delclós, T. (2004, marzo 16). "Pásalo". El País. Recuperado de http://elpais.com/diario/2004/03/16/catalunya/1079402853_850215.html

- Digital Daya (2012). World Leaders on Twitter: Ranking report. Recuperado de http://www.digitaldaya.com/admin/modulos/galeria/pdfs/69/156_biqz7730.pdf

- Fournier, V., & Grey C. (2000). At the critical moment: Conditions and prospects for critical management studies. Human Relations, 53(1), 7-32.

- Galván, R. (2013, marzo 12). Un Cónclave 2.0. El Mundo. Recuperado de http://www.elmundo.es/elmundo/2013/03/12/internacional/1363093066.html

- Haraway, D. (1991). A Cyborg Manifesto.Science, technology, and socialist-feminist in the late twentieth century. En Simians, Cyborgs and Women: The Reinvention of Nature (pp. 149 - 181). Nueva York: Routhledge.

- Howard, P. N., Duffy, A., Freelon, D., Hussain, M., Mari, W., & Mazaid, M. (2011). Opening Closed Regimes. What Was the Role of Social Media During the Arab Spring?. Recuperado el 3 de marzo de 2013, de http://pitpi.org/wp-content/uploads/2013/02/2011_Howard-Duffy-Freelon-Hussain-Mari-Mazaid_pITPI.pdf

- Ismarson, I., & Vargas, O. (2010). Resisting through Corporate Values (Disertación de maestría. Lund University). Disponible en http://www.lunduniversity.lu.se/o.o.i.s?id=24923&postid=1615995

- Lenore, V. (2011, abril 1). Slavoj Žižek: El filósofo de la anarquía. El País. Recuperado de http://elpais.com/diario/2011/04/01/tentaciones/1301682172_850215.html

- Karlgaard, R. (2004). Peter Drucker On Leadership. Forbes. Recuperado de http://www.forbes.com/2004/11/19/cz_rk_1119drucker.html

- Los cardenales que trinen durante el cónclave serán excomulgados. (2013, marzo 5). El Tiempo. Recuperado de http://goo.gl/KGXXr

- Luckerson, V. (2013, febrero 25). What the Library of Congress Plans to Do With All Your Tweets. Time. Recuperado de http://business.time.com/2013/02/25/what-the-library-of-congress-plans-to-do-with-all-your-tweets/#ixzz2MyXQX6N3

- Mumby, D. K., & Stohl, C. (1991). Power and Discourse in Organization Studies: Absence and the Dialectic of Control. Discourse Society, 2(3), 313-332.

- Platón. (1871). Obras completas. Madrid: Edición de Patricio Azcárate.

- ¿Por qué no sigue a nadie el papa Benedicto XVI en Twitter?. (2012, diciembre 16). 20minutos.es. Recuperado el 21 de febrero de 2013, de http://goo.gl/BkWqt

- Singh, A. (2011, Julio 11). Ways With Words: role of Twitter and Facebook in Arab Spring uprising 'overstated', says Hisham Matar. The Telegraph. Recuperado de http://goo.gl/pk4Pa

- Thach, E. C., Thompson, K. J., y Morris, A. (2006). A fresh look at followership: A model for matching followership and leadership styles. Journal of Behavioral and Applied Management, 7(3), 304-319.

- Thomas, R., & Davies, A. (2005). Theorizing the Micro-politics of Resistance: New Public Management and Managerial Identities in the UK Public Services. Organization Studies, 26(5), 683-706.

- Worth, R, F. (2012, octubre 20). Twitter Gives Saudi Arabia a Revolution of Its Own. The New York Times. Recuperado de http://goo.gl/njtFq

ACTAS **ICONO**14 - Nº 11 VI Simposio Las Sociedades ante el Reto Digital | 05/2013 | ASOCIACIÓN DE COMUNICACIÓN Y NUEVAS TECNOLOGÍAS

C/ Salud, 15 5º dcha. 28013 – Madrid (España) | ISBN: 978-84-15816-04-1 | CIF: G - 84075977 | www.icono14.es/actas

PERIÓDICOS DIGITALES: INTERACCIÓN Y PARTICIPACIÓN. HACIA UN EJERCICIO COMUNICATIVO INTEGRAL O MÁS COMPARTIMENTADO

Carlos Andrés Martínez Beleño

Auxiliar de Investigación

Grupo de Investigación Área de Broca: Medios, Lenguaje y Sociedad. Programa de Dirección y Producción de Radio y Televisión. Universidad Autónoma del Caribe. Calle 90 # 46-112 Colombia. CP 080001 Tlfn: +57 5 3671277 Email: Carlosandres0513@hotmail.com

Resumen

De cara a la actual era de la información, es inevitable el llamado de ésta hacia la conformación de una sociedad del conocimiento que simpatice con nuevas formas de interacción desde un enfoque sociocultural participativo.

Desde esa perspectiva, este trabajo viene desarrollando una revisión a dos Periódicos Digitales colombianos y a tres de cobertura internacional, con el propósito de percibir la interactividad que ofrecen estos espacios desde plataformas como la Web 2.0 y 3.0, intentando distinguir la participación del usuario ante la noticia, categorizándola sin importar su temática o denominación como de opinión pública, dado por el nivel de interés o disenso entre los receptores activos.

Frente a esto, se ha distinguido que aunque estos periódicos contemplan una plataforma de interactividad con recursos atractivos, es visible que no todos los usuarios los utilizan negándose a participar activamente de la noticia. Y por su parte, algunos periódicos, desechan recursos que facilita por ejemplo la web 3.0, perdiendo así, la oportunidad de que el usuario dialogue activamente con la noticia. Asimismo, se menciona que el perfil del periodista no ha cambiando, simplemente ha evolucionado hacia una nueva plataforma de comunicación que facilita un dialogo de doble vía, donde la interactividad y la participación son facilitadas por el cibermedio, logrando en últimas, que el proceso comunicativo sea más accesible, participativo e integral.

Palabras clave

Periódicos digitales, interacción, comunicación, noticia.

Abstract

With a view to the current age of the information, it is inevitable that this era calls out to the creation of a knowledgeable society that sympathizes with new forms of interaction from a socio-cultural participative approach. From this perspective, this work is developing a review to two Digital Colombian Newspapers and to three of international coverage, with the intention of perceiving the interactivity that these spaces offer from platforms as the Web 2.0 and 3.0, trying to distinguish the participation of the user viewing the news, categorizing it without taking into account its subject matter or it being of public opinion, given by the level of interest or dissent between the active recipients. Taking this into account, its distinguished that although these newspapers contemplate a platform of interactivity with attractive resources, is visible that not all the users use them, refusing to take part actively in the news. Some newspapers reject resources that facilitate the interaction, for example Web 3.0, losing the opportunity to help the user dialogue actively with the news.

Likewise, the profile of a journalist hasn't changed; it has simply evolved towards a new platform of communication that facilitates a dialogue of double route, where the interactivity and the participation is facilitated by the cyber way, making the communicative process more accessible, participative and integral.

Key words

Digital Newspapers, Interaction, Communication, News.

1. Introducción

Este trabajo tiene como base fundamental intentar reconocer los recursos interactivos que ofrecen los periódicos digitales al momento de la publicación de una noticia. Para este caso, se toman dos periódicos Colombianos (El Tiempo y El Espectador) y tres de cobertura internacional de habla hispana (El Mundo, El Clarín, El País).

A su vez, este texto no centra sus intenciones directamente en las bondades y los procesos de cambio e innovaciones tecnológicas que cada vez son más visibles en los portales web de estos, sólo se enfatiza en aquellos recursos que estos despliegan al usuario o ciberlector al momento de publicar las noticias, es allí donde éste encuentra o da a conocer su espíritu haciendo parte de ese hecho noticioso, ya sea reportando, siguiendo, votando o dando un "me gusta" o lo más importante comentando esa noticia -y si la web lo permite responder el comentario hecho por otro usuario-, lo que conlleva al dialogo; esto dependiendo de los recursos que ofrezcan las plataformas. A este proceso comunicativo, este trabajo le atribuye el hecho de Interacción que por consiguiente conlleva a una participación activa. Frente a la participación, se alude a la participación asincrónica, en espacios compartidos ya que los comentarios o recursos debajo de cada noticia hacen parte de ese proceso de interacción.

ACTAS **ICONO**14 - Nº 11 VI Simposio Las Sociedades ante el Reto Digital | 05/2013 | ASOCIACIÓN DE COMUNICACIÓN Y NUEVAS TECNOLOGÍAS

C/ Salud, 15 5º dcha. 28013 – Madrid (España) | ISBN: 978-84-15816-04-1 | CIF: G - 84075977 | www.icono14.es/actas

En cuanto a las bondades de plataformas como la Web 2.0 y 3.0, se pretende identificar los recursos existentes debajo de cada noticia para afianzar el proceso de interacción de los usuarios. El periódico digital consta de seis características una de ellas, es la interactividad, que es en la que profundiza en este trabajo y de esta se desprenden dos categorías: Interactividad Selectiva e Interactividad Comunicativa. En este sentido, existen Periódicos digitales que poseen una excelente plataforma donde el usuario puede seleccionar y revisar los contenidos de forma fluida y organizada a esto se le denomina Interactividad Selectiva, en lo cual no profundizaremos mucho. Pero por su parte, la Interactividad Comunicativa es la de nuestro interés ya que esta facilita la expresión y comunicación con otros individuos, desde ésta observaremos todos esos recursos que facilitan la web 2.0 o 3.0 para lograr una interacción significativa con la noticia. Esto no quiere decir que aunque algunos periódicos presenten recursos 3.0 en su espacio de Interacción Selectiva es muy probable que esos no se vean reflejados en el espacio de Interacción Comunicativa por ejemplo.

2. Objetivo

El objetivo central sobre el cual gira este trabajo es identificar los recursos interactivos -desde lo comunicativo- que presentan los periódicos digitales luego de la publicación de una Noticia.

3. Metodología

Esta investigación es de tipo básica y se constituye en estudio de casos ya que pretende identificar las características en cuanto a recursos se refiere de varios periódicos de edición diaria en internet. Asimismo la información que sustenta los resultados de este estudio se recoge principalmente mediante la técnica de revisión exclusivamente en los portales noticiosos descritos a continuación.

Cuadro n° 1. Periódicos de estudio

DIARIOS ESTUDIADOS CON EDICIÓN EN INTERNET	
DIARIO	**SITIO WEB**
El Espectador	http://www.eltiempo.com
El Tiempo	http://www.elespectador.com
El País	http://www.clarin.com
El Clarín	http://www.elmundo.es
El Mundo	http://internacional.elpais.com

Fuente: elaboración propia

La unidad mínima de estudio -o población- estuvo conformada por la edición en Internet de cinco diarios impresos, dos periódicos Colombianos (El Tiempo y El Espectador) y tres de cobertura internacional de habla hispana (El Mundo, El Clarín, El País).

ACTAS **ICONO**14 - Nº 11 VI Simposio Las Sociedades ante el Reto Digital | 05/2013 | ASOCIACIÓN DE COMUNICACIÓN Y NUEVAS TECNOLOGÍAS
C/ Salud, 15 5º dcha. 28013 – Madrid (España) | ISBN: 978-84-15816-04-1 | CIF: G - 84075977 | www.icono14.es/actas

Con el propósito de identificar los recursos interactivos que estos diarios facilitan a los usuarios o ciberlectores desde la categoría de la Interactividad Comunicativa, se tomarán como muestra una noticia por cada diario en fechas totalmente diferentes durante el mes de diciembre de 2012. La selección de la población así como la selección de las noticias –o muestra- que para este caso será de una noticia por cada diario, responde fundamentalmente por conveniencia del autor.

En ningún momento se pretenderán exponer relaciones de causalidad, en cuanto a contenidos o publicaciones de estos, sólo se intenta analizar la interactividad que ofrecen estos diarios luego de publicar sus noticias. En ese sentido, se pretende dar respuesta al objetivo anteriormente planteado desde una de las seis características del Periódico digital: la interactividad, principalmente se toma como categoría de análisis a la Interactividad Comunicativa quien es la que permite la interacción y hasta cierto punto la participación de los usuarios o ciberlectores ante el hecho noticioso.

4. Periódicos Digitales en plataformas 2.0 y 3.0

Desde la tan urgida movilización mediática y la necesidad de globalizar la información, y sumándole a esto, la revolución social y cultural que ha traído consigo la internet, no es de asombrarse que hoy en día cualquier periódico posea una edición online, -no sería un medio globalizado-.

En esa dirección, la web 2.0 ha servido para acercar a personas, grupos, organizaciones y el logro más apremiante, ha democratizado la comunicación y la ha hecho inmediata para los usuarios o en este caso para los ciberlectores. Algunas características Web 2.0 facilitadas en portales noticiosos son presentadas aquí:

Cuadro n°2. Características de Web 2.0

CARACTERÍSTICAS WEB 2.0	DESCRIPCIÓN
Es funcional	Facilita la transferencia de información y servicios desde páginas web.
Es simple	Facilita el uso y el acceso a los servicios web a través de pantallas más interesantes y posibles de usar.
Es social	La sociedad construye y constituye la Web mediante la divulgación y de los hechos físicos y los transita hacia hechos online.
Es participativa	Colabora con la gestión de la comunicación y el conocimiento. La Web 2.0 democratizó la comunicación y fue o es punto de partida para la interacción desde muchas vertientes y espacios como la 3.0

Fuente: elaboración propia

Por su parte, la Web 3.0 logró otros niveles, se dejó a un lado las plataformas o herramientas online que permitían la conversación bidireccional entre sus usuarios, sino que el nivel es tanto que es capaz de actuar de forma proactiva. La 3.0 hace la Web más inteligente, tiene en cuenta

ACTAS **ICONO**14 - Nº 11 VI Simposio Las Sociedades ante el Reto Digital | 05/2013 | ASOCIACIÓN DE COMUNICACIÓN Y NUEVAS TECNOLOGÍAS

C/ Salud, 15 5º dcha. 28013 – Madrid (España) | ISBN: 978-84-15816-04-1 | CIF: G - 84075977 | www.icono14.es/actas

los gustos, preferencias y hábitos de sus usuarios. Actualmente con páginas capaces de comunicarse con otras páginas o aplicaciones mediante el lenguaje visible y fácil, dando lugar a esa llamada Web Semántica.

Actualmente los periódicos que comprenden este trabajo, dentro de todo su entorno Web manejan comúnmente Web 2.0 y adoptan recursos de la 3.0 para esto de conectar con otras páginas, aplicaciones y redes sociales por ejemplo. Esto se ve básicamente en el contexto de la interacción selectiva, es decir en la portada del diario.

Pero, para el caso de la interacción comunicativa es casi nulo emplear recursos 3.0 después de la publicación de una noticia, a fin de que el ciberlector interactúe de forma proactiva. En ese sentido, y si bien es cierto, que algunos portales poseen recursos 3.0 estos les permiten correlacionarse e interrelacionarse con diversas aplicaciones, un claro ejemplo es que desde el mismo portal los ciberlectores o usuarios puedan interactuar (básicamente comentar y responder a comentario de noticas) entre sí, empleando redes como Facebook, Twitter, My Space, etc.

Ejemplo: El Clarín de Argentina, en su espacio de comentarios, posee un recuso para que el ciberlector comente y dialogue desde y para Facebook, Yahoo, AOL y Hotmail. Esto solo para el caso de interacción comunicativa, reconociendo que de los cinco diarios es este quien posee este recurso.

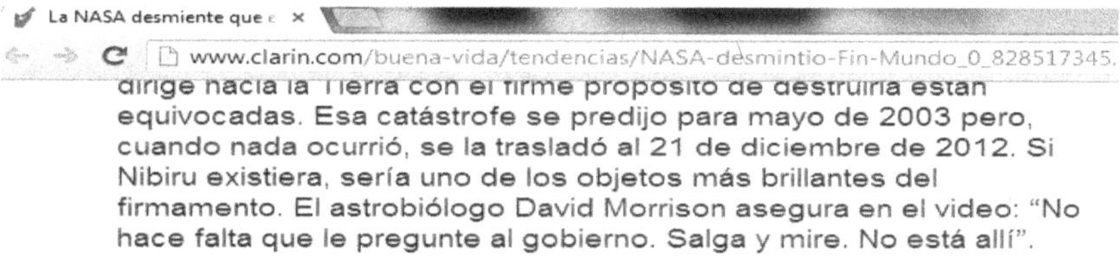

Fuente: http://www.clarin.com/

Pero sí, en cuanto a interacción selectiva, es mucho más fácil acceder a recursos 3.0 es muy común compartir una noticia con las redes predominantes, re-direccionar hacia otros portales y páginas, ver publicidad y adquirir productos y servicios desde dicho portal noticioso. Por ejemplo:

Fuente: http://www.eltiempo.com/

En relación con lo anterior, Bergonzi et. al., (2008) enfatiza en que los usuarios todavía conciben a los sitios de noticias más que nada para recoger información actualizada y de último momento, es decir como un medio masivo tradicional. En un segundo plano, se encuentra la concepción del sitio como un espacio de expresión, para emitir opiniones e intervenir en el discurso público. Muy pocos, por último, ven al periódico digital como un lugar de intercambio, de discusión y de comunicación con otras personas.

4.1. Noticias en Red: Periódicos El Tiempo, El Espectador, El Mundo, El Clarín, El País.

En la década pasada se discutió mucho el cómo se iban a distribuir los contenidos a 10 o a 5 años, esto porque la prensa para esa época ya iniciaba a vencer el miedo. Se preguntaban si el Fax, el audio o las pocas redes en línea en ese momento se mantendrían en el tiempo. Pero sí, la respuesta es que todo lo anterior logró sobrepasar las estimaciones generando más y mejores avances y procesos de comunicación y de cambio; de hecho, para este tiempo ya se habla de cómo a 2020 o a 2030 se distribuirá no solo el contenido, sino el conocimiento, los negocios, la relaciones laborales, económicas y hasta las personales. Sumándole a esto que para 2030 o mucho antes transitaremos hacia una web 4.0.

ACTAS **ICONO**14 - Nº 11 VI Simposio Las Sociedades ante el Reto Digital | 05/2013 | ASOCIACIÓN DE COMUNICACIÓN Y NUEVAS TECNOLOGÍAS

C/ Salud, 15 5º dcha. 28013 – Madrid (España) | ISBN: 978-84-15816-04-1 | CIF: G - 84075977 | www.icono14.es/actas

Para Navarro Zamora, (2004) el año 1994 fue clave. De hecho, suele ser tomado como punto de partida para el Periodismo Digital. No solo porque buena parte de los medios en Estados Unidos y Europa estrenaron sus ediciones en los servicios comerciales sino porque inauguraron los primero sitios de noticias en la *Worl Wide Web*. (Rost, 2006). Siguiendo a Rost, para los años siguientes la web recibió una avalancha de sitios de noticias y para eso de 1996 existían alrededor de 1.500 periódicos y revistas disponibles en línea de origen estadounidense, europeo y canadiense. Para finales de ese año, los periódicos más movilizadores del mundo contaban con sitios web consolidados e identificables. Este autor pone en manifiesto que desde ese momento la cantidad de contenidos en la Red no ha parado de crecer y lo ha hecho a un ritmo inimaginable. Asimismo, ha crecido y evolucionado el impacto sociopolítico del nuevo medio para el periodismo y la construcción no solo mediática de la actualidad sino económica, social y del desarrollo. Es aquí la relación o el vínculo inevitable entre los medios y la sociedad.

La sociedad ha avanzado al punto de que los estilos de vida han logrado ser mejores o prometedores, anteriormente un empleado o cualquier persona tenía que acercarse a una tienda, a un distribuidor o esperar al voceador de confianza para poder sentarse en casa o llevarse a su lugar de trabajo el periódico. Hoy no, hoy ese empleador o persona particular puede desde su lugar de trabajo o desde su casa prender su PC y ver las noticias desde ese mismo periódico de confianza. Aquel empleado al mismo tiempo que lee el periódico online puede revisar las acciones de la compañía, revisar los indicadores económicos y revisar su agenda de trabajo. Por su parte aquella persona particular mientras que se informa sobre sus noticias de interés ya sea de orden local o regional puede revisar sus emails, chatear con su prima que vive en el extranjero y felicitar, comprar y enviarle un regalo a su madre por su día.

En consonancia con lo anterior, se presenta un cuadro que permite dar cuenta de la presencia tanto impresa como online de los periódicos que hacen parte de este trabajo.

Cuadro n°3. Aparición de los Periódicos

DIARIO	PAIS DE ORIGEN	PRESENCIA IMPRESA	PRESENCIA *ONLINE*
El Espectador	Colombia	Edición desde 1887 En 2001 se convierte en Semanario Volvió a ser diario en 2008	Presencia en la web desde el año 1996
El Tiempo	Colombia	Edición desde 1911, con algunas interrupciones	Presencia en la web desde el año 2000 a 2006. Alianza con Terra. Archivo de noticias desde el año de 1990.
El País	España	Edición desde 4 de mayo de 1976	Presencia en la web desde el 14 de mayo de 1996.
El Clarín	Argentina	Edición desde 28 de agosto de 1945	Presencia en la web desde 1995
El Mundo	España	Edición desde 23 de octubre de 1989	Presencia en la web contenidos desde octubre de 1995

Fuente: elaboración propia

5. Interacción y Participación en los periódicos El Tiempo, El Espectador, El Mundo, El Clarín, El País.

5.1. Interactividad Selectiva vs Interactividad Comunicativa.

Para el Diccionario de la Real Academia Española 22º edición, la interacción es una acción que se ejerce recíprocamente entre dos o más objetos, agentes, fuerzas, funciones, etc.; como adjetivo se le denomina a aquel, para este caso un usuario o ciberlector, que procede por interacción; y en términos informáticos, se relaciona a un programa: Que permite una interacción, a modo de diálogo, entre el ordenador y el usuario.

En efecto a la anterior, Jens Jensen, (1998) citado por Rost, (2006) rastrea los antecedentes en el estudio de la interactividad puntualizando tres formas de entender el concepto identificando a cada una de ellas con un campo académico especifico. Entiende a la interactividad como una extensión del concepto de interacción y utiliza a ambos en forma distinta habla entonces de:

- El concepto sociológico de la Interactividad
- El concepto de los estudios de comunicación
- El de la informática
- El siguiente cuadro lo explica así

TRES ABORDAJES PARA EL CONCEPTO DE INTERACTIVIDAD, SEGÚN JENSEN (1998)		
Sociología	**Ciencias de la Comunicación**	**Informática**
Relación entre individuos	Relación entre individuos y contenidos	Relación individuo y computadora

Fuente: Rost, (2006)

En correlación, la interactividad entonces, debe acomodarse a la necesidad de feedback de los contenidos del cibermedio y al nivel sociocultural y proactivo de su usuario pretendido. La interactividad permite al internauta personalizar la búsqueda de contenidos y confiere a las réplicas del usuario su justa relevancia en la configuración del relato informativo. (Álvarez Marcos, 2003).

De las características del Periódico digital se enuncia a continuación una de ellas, que quizá para este trabajo resulta la más importante; la Interactividad y de ésta la Interactividad Comunicativa, quien sustenta este trabajo. Desde la web 2.0 o 3.0 la interacción comunicativa subió a otro nivel la relaciones, haciéndolas más complejas debido a que son los usuarios los que hacen el contacto desde y en contextos diferentes. Galindo, (1997) citado por Rost, (2006) enfatiza en que estamos ante un nuevo escenario de las relaciones sociales, pero también ante nuevos tipos de relaciones sociales.

En concordancia, la interactividad ejercida desde la comunicación luego de que una noticia sea publicada, genera o posibilita nuevos contornos, donde se pueden visibilizar procesos agiles y dinámicos entre el ciberlector y el periodista, las fuentes y el periodista, los ciberlectores con

ACTAS **ICONO**14 - Nº 11 VI Simposio Las Sociedades ante el Reto Digital | 05/2013 | ASOCIACIÓN DE COMUNICACIÓN Y NUEVAS TECNOLOGÍAS

C/ Salud, 15 5º dcha. 28013 – Madrid (España) | ISBN: 978-84-15816-04-1 | CIF: G - 84075977 | www.icono14.es/actas

otros ciberlectores o lectores, los ciberlectores con los anunciantes, y los ciberlectores o lectores con los personajes de la actualidad (Rost, 2006).

Frente a todo lo anterior, a continuación se ponen en evidencia los recursos de cada uno de los periódicos que hacen parte de este trabajo, teniendo en cuenta que las noticias tomadas como objeto, fueron seleccionadas en fechas aleatorias durante todo el mes de diciembre de 2012 a conveniencia del autor.

Asimismo en las imágenes se alude a los dos tipos de interactividad a fin de contextualizar, pero solo se hará énfasis en la Interactividad Comunicativa.

Se presentan a continuación, una noticia por cada uno de los diarios que hacen parte de este trabajo así:

En España la noticia de que los pensionistas pierden 430 Euros al año por el incumplimiento de Rajoy de el Diario El Mundo posee 565 comentarios y de esos son mejor valorados por los ciberlectores 424.

EL MUNDO
PENSIONES RAJOY - 01 diciembre 2012

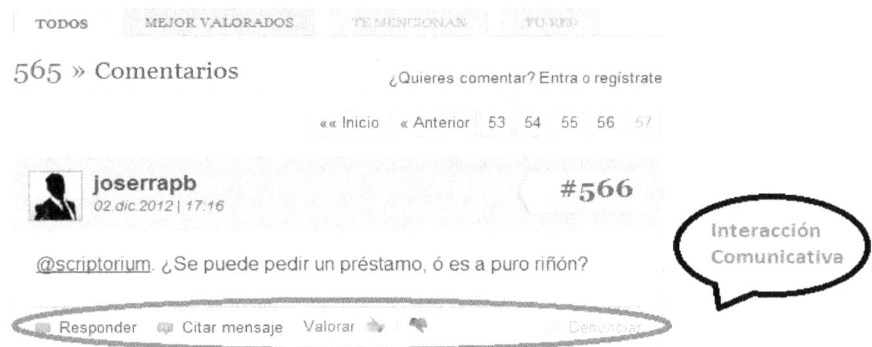

Fuente: http://www.elmundo.es/elmundo/2012/12/01/economia/1354326429.html

Fijemos cuales son los recursos de interacción comunicativa que ofrece el portal de El Mundo.

Cuadro n° 4. Recursos periódico El Mundo

DIARIO	RECURSOS CARATERISTICOS								WEB	OBS.
EL MUNDO	Comentar	Citar mensajes	Valorar mensaje	Denunciar	En esta noticia ya no se admiten nuevos comentarios	Mejor valorado	Te mencionan	Tu red	2.0 - 3.0	Apoyada en redes sociales

Fuente: elaboración propia

Es de saberse que noticias como estas en España, movilizan a todo el país, contando con 566 comentarios y teniendo en cuenta las valoraciones de los mismos es índice de que se guarda pertinencia con el sentido de la noticia y que sin duda es de gran interés para sus connacionales. De estos solo fueron utilizados 2 de los 8 recursos disponibles.

La Noticia en el Diario El País también de España, sobre la decisión de Moscú de ampliar el veto a todo el mundo en cuanto a la adopción de menores; solo contó con 17 comentarios y el otro recurso utilizado a parte el de comentar fue el de responder dichos comentarios.

ACTAS **ICONO**14 - N° 11 VI Simposio Las Sociedades ante el Reto Digital | 05/2013 | ASOCIACIÓN DE COMUNICACIÓN Y NUEVAS TECNOLOGÍAS

C/ Salud, 15 5° dcha. 28013 – Madrid (España) | ISBN: 978-84-15816-04-1 | CIF: G - 84075977 | www.icono14.es/actas

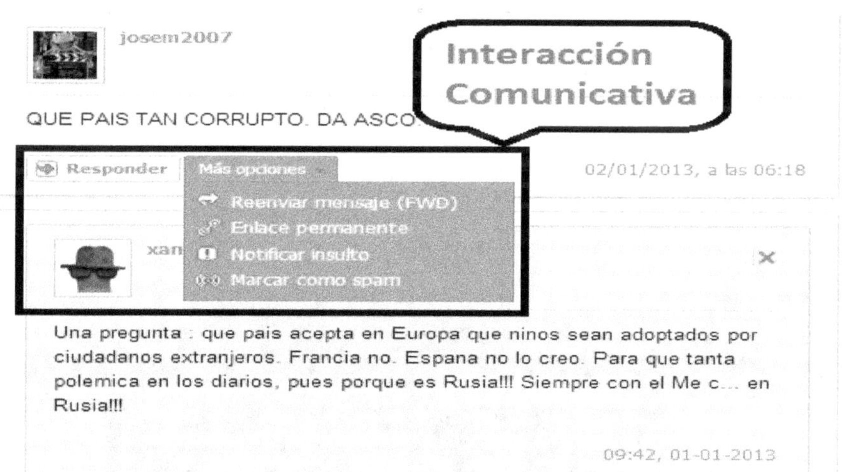

Fuente: http://internacional.elpais.com/internacional/2012/12/29/actualidad/1356811146_748373.html

Fijemos cuales son los recursos de interacción comunicativa que ofrece el portal de El País.

ACTAS ICONO14 - Nº 11 VI Simposio Las Sociedades ante el Reto Digital | 05/2013 | ASOCIACIÓN DE COMUNICACIÓN Y NUEVAS TECNOLOGÍAS
C/ Salud, 15 5º dcha. 28013 – Madrid (España) | ISBN: 978-84-15816-04-1 | CIF: G - 84075977 | www.icono14.es/actas

Cuadro n° 5. Recursos periódico El País

DIARIO	RECURSOS CARATERISTICOS				WEB	OBS
EL PAIS	Comentar	Responder	Ver mensaje al que responde	Más opciones (enlace permanente, marcar como espam, notificar insulto, reenviar mensaje)	2.0 mediada por Eskup.com	Apoyado en redes sociales

Fuente: elaboración propia

Aquí es válido enfatizar en que a pesar de que el diario es español y que la noticia es de nivel regional pero de interés global, el número de los comentarios hace entender que es de mucho más interés para los españoles o aquellos que frecuentan estos diarios las noticias relacionadas al gobierno nacional, que con cualquier otro tipo de publicación en términos sociales, políticos o económicos. De estos solo fueron utilizados 2 de los 4 recursos disponibles.

Cabe resaltar que la mayoría de recursos como (enlace permanente, marcar como spam, notificar insulto, reenviar mensaje) son desplegados cuando se toma la opción de "Ver comentarios en modo conversación por *Eskup*" de lo contrario las opciones de interactuar son muy reducidas.

Por su parte la noticia acerca de que la NASA desmiente que esté por llegar el fin del mundo, publicada por El Clarín de Argentina solo contó con 19 comentarios y otros recursos empleados fueron los de calificar los comentarios para lo cual 16 ciberlectores los calificaron como negativos, mientras que como positivos fueron calificados 31.

EL CLARIN
LA NASA DESMIENTE FIN DEL MUNDO - 14 diciembre 2012

ACTAS **ICONO**14 - Nº 11 VI Simposio Las Sociedades ante el Reto Digital | 05/2013 | **ASOCIACIÓN** DE COMUNICACIÓN Y NUEVAS TECNOLOGÍAS

C/ Salud, 15 5º dcha. 28013 – Madrid (España) | ISBN: 978-84-15816-04-1 | CIF: G - 84075977 | www.icono14.es/actas

Fuente: http://www.clarin.com/buena-vida/tendencias/NASA-desmintio-Fin-Mundo_0_828517345.html

Fijemos cuales son los recursos de interacción comunicativa que ofrece el portal de El Clarín.

Cuadro n° 6. Recursos periódico El Clarín

DIARIO	RECURSOS CARATERISTICOS				WEB	OBS
EL CLARIN	Comentar	Me gusta	No me gusta	Denunciar	2.0 - 3.0 Enlace directo con Facebook, yahoo, hotmail.	Apoyada en redes sociales. No posee la opción de responder a comentarios. Eso limita la retroalimentación aspecto fundamental de la 3.0 Apoyada desde Facebook se puede responder comentarios en Redes Sociales. Es 2.0 desde su propia plataforma Es 3.0 apoyada desde FB

Fuente: elaboración propia

Esto nos deja ver que en relación con el reducido número de comentarios la participación frente a la noticia es muy mínima sabiendo que esta noticia es de interés general. Pero, en relación con las calificaciones dadas a esta es muy numerosa la participación, lo que nos deja entrever que no solo la participación se mide por los comentarios o las respuestas a dichos comentarios –recurso que con el cual este no cuenta- sino por el uso de otros recursos diferentes a este que figura como el más importante, sin desmeritar a aquellos que se que consideran también inciden en la noticia. De estos solo fueron utilizados 2 de los 4 recursos disponibles.

Por su parte la publicación de El Espectador sobre la Denuncia contra el Ex presidente Uribe ante la CPI contó con 624 opiniones. Este portal solo permite publicar opiniones y responder a las mismas. Es decir la interacción es reducida.

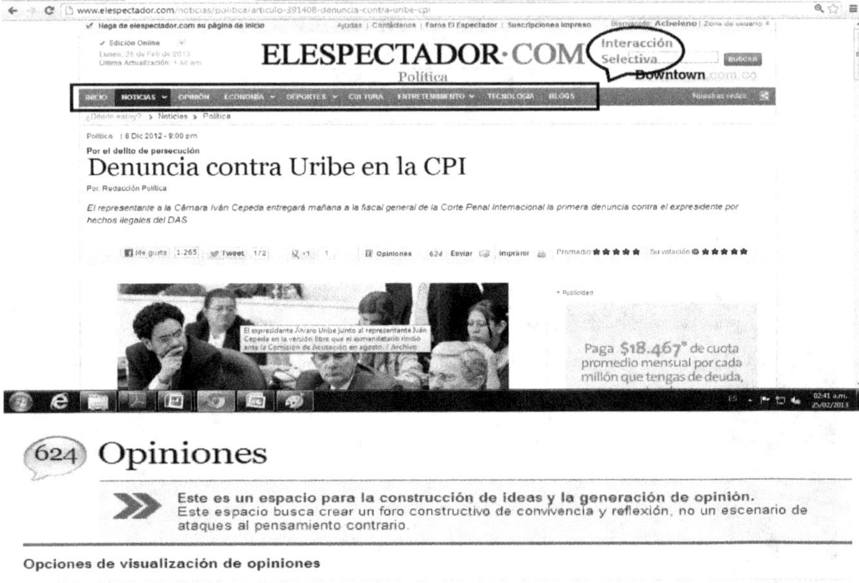

Fuente: http://www.elespectador.com/noticias/politica/articulo-391408denuncia-contra-uribe-cpi

Fijemos cuales son los recursos de interacción comunicativa que ofrece el portal de El Espectador.

Cuadro nº 7. Recursos periódico El Espectador

DIARIO	RECURSOS CARATERISTICOS		WEB	OBS
EL ESPECTADOR	Opinión	Responder a esta Opinión	2.0	Apoyada en redes sociales. Marca cuando el mismo usuario ha opinado varias veces.

Fuente: elaboración propia

ACTAS **ICONO**14 - Nº 11 VI Simposio Las Sociedades ante el Reto Digital | 05/2013 | ASOCIACIÓN DE COMUNICACIÓN Y NUEVAS TECNOLOGÍAS

C/ Salud, 15 5º dcha. 28013 – Madrid (España) | ISBN: 978-84-15816-04-1 | CIF: G - 84075977 | www.icono14.es/actas

Aquí es muy interesante preguntarse ¿será que al Espectador no le interesa facilitar otros recursos que de igual forma den cuenta del valor de los comentarios u opiniones?

Frente a los demás periódicos, este muestra una limitación teniendo en cuenta el auge que tienen los recursos. Es posible denotar que la participación aquí es reducida ya que no existe diversidad de recursos para que el ciberlector interactúe. De este solo fueron utilizados los dos únicos recurso disponible.

En Colombia, El Tiempo publica la decisión de la Asamblea al autorizar viaje de Hugo Chávez para operarse en Cuba, contando con 78 comentarios y otros recursos empleados fueron los de votar por los comentarios publicados para lo cual 76 ciberlectores votaron negativamente por los comentarios, mientras que como positivos fueron votados 152 aproximadamente.

EL TIEMPO
AUTORIZA VIAJE A CUBA - 9 diciembre 2012

Fuente: http://www.eltiempo.com/mundo/latinoamerica/cancer-de-chavez-asamblea-autoriza-salida-de-venezuela_12436866-4

ACTAS ICONO14 - Nº 11 VI Simposio Las Sociedades ante el Reto Digital | 05/2013 | ASOCIACIÓN DE COMUNICACIÓN Y NUEVAS TECNOLOGÍAS
C/ Salud, 15 5º dcha. 28013 – Madrid (España) | ISBN: 978-84-15816-04-1 | CIF: G - 84075977 | www.icono14.es/actas

Fijemos cuales son los recursos de interacción comunicativa que ofrece el portal de El Tiempo.

Cuadro n° 8. Recursos periódico El Tiempo

DIARIO	RECURSOS CARATERISTICOS					WEB	OBS
EL TIEMPO	Comentar	Responder a este comentario	Votos positivos	Votos negativos	Reportar abuso	2.0 - 3.0	Apoyado en redes sociales

Fuente: elaboración propia

Sin duda la noticia de Chávez es de interés regional pero en Colombia este tema ha causado revuelo, lo que nos permite reconocer que esos 78 comentarios fueron arduamente leídos y votados. Los votos de los ciberlectores frente a los comentarios fueron superados lo que es índice y lo que nos ratifica que no solo el recurso de comentar la noticia es el que más índica participación ya que fueron 228 ciberlectores los que votaron por los 78 comentarios ya sea de forma positiva o negativa. Este diario también es de gran circulación en Colombia. De estos solo fueron utilizados 3 de los 5 recursos disponibles.

En cuanto al componente de Participación Rost, (2006) en trabajos desarrollados frente a estos tópicos, los cuales comprenden un amplio estudio a periódicos digitales en España y Argentina, infiere que el resultado de la participación del lector no es visible. Asimismo, manifiesta que si bien el acceso a la mayoría de opciones interactivas se muestra destacado en la página de inicio, no ocurre lo mismo con el resultado de esa participación. Lo que diga el usuario o ciberlector en últimas no tiene valor informativo para el medio. Las posibilidades de trascendencia de esa participación, de impacto social, son según Rost muy bajas. En ese sentido, es muy probable de que el lector no haga parte de la noticia, son muy escasas las oportunidades para este. Éste solo es invitado a comentar y a opinar la noticia luego de su publicación jamás hace parte activa la producción de la información.

Entonces si la participación se percibe compartimentada dado a que por lo general solo son utilizados la mitad de los recursos ¿Dónde queda lo integral del ejercicio comunicativo?

A modo particular pensaría en que la interactividad lleva implícito el componente de participación, lo que subsana el hecho de que la opinión del ciberlector no tenga relevancia, el solo hecho de que este le dé un "Me gusta", "Valore" "denuncie" comente o responda a un comentario ya es índice de que la noticia le llegó a ese usuario o ciberlector y participa de ella. Otro caso mucho más activo sería responder una entrevista, un foro o un cuestionario en función de la noticia. Que a modo muy particular este tipo de participación haría que el editor o periodista tenga en cuenta sus aportes.

Frente a lo presentado anteriormente, para lograr una participación masiva en función de la noticia publicada se requiere evidenciar lo siguiente:

- Ofrecer más recursos, para el caso de aquellos que limitan al usuario o ciberlector.
- Hacer más visibles los recursos o indicar al lector el significado de los mismos.

ACTAS **ICONO**14 - N° 11 VI Simposio Las Sociedades ante el Reto Digital | 05/2013 | ASOCIACIÓN DE COMUNICACIÓN Y NUEVAS TECNOLOGÍAS

C/ Salud, 15 5° dcha. 28013 – Madrid (España) | ISBN: 978-84-15816-04-1 | CIF: G - 84075977 | www.icono14.es/actas

- Permitir que todos los comentarios pueden tener la opción de responderlos para que pueda lograrse la interacción multi-direccional.

Es preciso entonces, mostrarse de acuerdo con Rost, (2010) ya que este manifiesta que la participación es deseable, a pesar de que no todos los portales ofrezcan variedad de recursos. Porque:

- Permite otro movimiento de flujos de mensajes que, bien organizado, puede hacer más rica la construcción del conocimiento. Porque los usuarios pueden aportar –y de hecho, lo hacen muchas veces- información y comentarios relevantes que inician, complementan, enmiendan o contradicen lo que publican los medios.
- La interactividad está en la esencia de la Web, es una de sus características fundamentales.
- La interactividad es un claro emergente de lo que son las sociedades actuales: más horizontales en sus relaciones y vinculaciones. La autoridad del periodista y del medio, como principales narradores de la actualidad, está puesta en evaluación permanente.

6. ¿Cuándo el ejercicio es más Integral o más compartimentado?

En conclusión, eso depende en ultimas de las opciones que facilite el medio, es decir, de los recursos que se despliegan después de la noticia, es aquí donde se reconoce cual es el valor de este ejercicio, porque aunque sea integral o compartimentado en ningún caso deja de ser un ejercicio. Lo importante aquí, es reconocer el nivel que cobra esta dinámica, es decir, no es igual que un periódico facilite dos o tres recursos de interacción a otro que ofrezca seis o siete por ejemplo. Pensemos además en las intenciones del periódico al ofrecer solo dos o tres recursos o las de aquel que ofrece seis o siete, aquí diluyen factores como el rating, medir la aceptación del periódico online, el impacto que este genera y ante todo medir la capacidad de dialogo desde y hacia la noticia.

Es integral cuando además de comentar la noticia, responder a esta o dialogar con quien comenta, también, la valora, le da un "me gusta", denuncia o reporta dichos comentarios.

Es compartimentado cuando por ejemplo para el caso de el periódico El Clarín, este posee dentro de su espacio de interacción comunicativa recursos de 3.0 el cual es comentar desde y hacia Facebook, pero a su vez no explora recursos de la 2.0 como lo es responder a esa noticia o comentarla, es decir interactuar fuertemente con otros ciberlectores.

En ese sentido, el usuario o ciberlector es también es un hacedor de lo integral o compartimentado de este ejercicio, porque es muy probable de que el periódico posea diversos recursos y sea el usuario quien no los emplee o sea el usuario el interesado en ser parte de la noticia y el diario le provea de forma reducida las opciones de interacción o participación.

ACTAS ICONO14 - Nº 11 VI Simposio Las Sociedades ante el Reto Digital | 05/2013 | ASOCIACIÓN DE COMUNICACIÓN Y NUEVAS TECNOLOGÍAS
C/ Salud, 15 5º dcha. 28013 – Madrid (España) | ISBN: 978-84-15816-04-1 | CIF: G - 84075977 | www.icono14.es/actas

Estamos entonces, frente un arduo trabajo e intención de comunicarse o de fortalecer o consolidar el proceso comunicativo.

7. Conclusiones

En síntesis, la interacción comunicativa desde el soporte teórico ofrece diversas alternativas y facilita activamente el dialogo de doble y múltiple vía. Pero aún así, se necesita que el periódico lidere este proceso por medio de recursos interactivos y accesibles. Los ya existentes recursos de los periódicos abordados carecen de poca utilidad por parte del usuario o ciberlector, lo que nos hace pensar en cuáles son los factores que influyen para que estos recursos no sean empleados y por consiguiente enriquezcan el ejercicio comunicativo.

Y luego de todo este recorrido, fue evidente identificar que estos periódicos han evolucionado de forma desmesurada, lo que ha dado paso a mejores procesos y dinámicas comunicacionales y comunicativas. Los periódicos de estudio a modo general presentan recursos óptimos y necesarios para interactuar, solo exceptuando el caso de El Espectador, pero de todo esto lo que en realidad preocupa es el poco uso que se les da a estos, aunque sí, es válido reconocer que los recursos más empleados son los más comunes no solo en estos periódicos si no en redes sociales (Comentario, Responder, Me gusta y valorar como positivo o negativo).

Pero, de tras de todo esto, ¿Dónde queda la labor o rol del Periodista?

En ese sentido, es apremiante reconocer que el perfil de periodista digital es más complejo en cuanto a conocimiento tecnológico, se multiplica dejando de ser redactores de una noticia para transformarse en verdaderos productores de la información o de contenidos, donde más allá de la palabra escrita hoy se requiere informar con diversos recursos y apropiar herramientas o software que acompañan el proceso de producción noticiosa. Pero básicamente, los fundamentos del oficio son los mismos, solo se evolucionó a una nueva plataforma de comunicación que facilita el dialogo de doble o múltiple vía fortaleciendo significativamente la globalización de la información, lo cual es sinónimo de inclusión, cohesión y convergencia.

Frente al proceso de interacción y participación sucede algo muy interesante, el uso de los recursos presentes para interactuar con la noticia y los demás ciberlectores carecen de utilidad por estos, aún reconociendo que existen noticias de mucho interés ya sea nacional o global. Lo que nos deja interrogantes como: ¿porque no participan? ¿No les interesó la noticia? ¿No conocen o no entienden la finalidad de estos recursos? o ¿realmente no quieren ser parte de este proceso de Interacción comunicativa que materializa la participación ciudadana ante el hecho noticioso?

Necesitamos entonces, preguntarnos, ¿Cuáles son las ventajas y riesgos de la web 2.0 o 3.0 en la comunicación y la gestión del conocimiento donde las TIC se manifiestan como mediadoras de participación, funcionalidad, accesibilidad, asociación y trasferencia y colaboración de conocimiento e información?

ACTAS **ICONO**14 - Nº 11 VI Simposio Las Sociedades ante el Reto Digital | 05/2013 | ASOCIACIÓN DE COMUNICACIÓN Y NUEVAS TECNOLOGÍAS

C/ Salud, 15 5º dcha. 28013 – Madrid (España) | ISBN: 978-84-15816-04-1 | CIF: G - 84075977 | www.icono14.es/actas

Para responder este y otros interrogantes invito a que sigamos investigando y debatiendo sobre el tema.

Referencias

- Albornoz, L. (2006). Periodismo Digital. Los grandes diarios en la Red. Buenos Aires: Argentina; Ediciones Encrucijada.

- Álvarez, J. (2003). "El periodismo ante la tecnología hipertextual". En: Díaz, J. & Salaverría, R. (Eds.): Manual de redacción ciberperiodística. Barcelona: Ariel,

- Bergonzi, J., Rost, A., Bergero, F, Bernardi, M.T., García, V. & Pugni Reta M.E. (2008). Periodismo digital en la Argentina. Diseño, interactividad, hipertexto y multimedialidad en los sitios de noticias. Publifadecs. Recuperado de: http://red-accion.uncoma.edu.ar/PeriodismoDigital/inicio.htm

- Rost, A. (2006). La interactividad en el Periódico Digital. (Tesis inédita de Doctorado). Universidad Autónoma de Barcelona, Belaterra.

- Rost, A. (2010). La participación en el periodismo digital: muchas preguntas y algunas respuestas". En Irigaray, F., Ceballos, D., & Manna, M. (Eds). Periodismo digital en un paradigma de transición. Universidad nacional de Rosario. Recuperado de: http://es.scribd.com/doc/34900936/Periodismo-Digital-en-un-paradigma-de-transicion

ACTAS **ICONO**14 - Nº 11 VI Simposio Las Sociedades ante el Reto Digital | 05/2013 | ASOCIACIÓN DE COMUNICACIÓN Y NUEVAS TECNOLOGÍAS

C/ Salud, 15 5º dcha. 28013 – Madrid (España) | ISBN: 978-84-15816-04-1 | CIF: G - 84075977 | www.icono14.es/actas

ACTAS **ICONO**14 - Nº 11 VI Simposio Las Sociedades ante el Reto Digital | 05/2013 | ASOCIACIÓN DE COMUNICACIÓN Y NUEVAS TECNOLOGÍAS
C/ Salud, 15 5º dcha. 28013 – Madrid (España) | ISBN: 978-84-15816-04-1 | CIF: G - 84075977 | www.icono14.es/actas

HERRAMIENTAS LIBRES PARA LA CREACIÓN DE IMAGENES DIGITALES

Danilo Vargas Jiménez

Estudiante

Facultad de Ingeniería de Sistemas. Fundación Universitaria Tecnológico Comfenalco. (Colombia) Tlfn: + 57 3214949309
Email:dvargas@elitesemillero.com

Jair Otero Foliaco

Docente

Facultad de Ingeniería de Sistemas. Fundación Universitaria Tecnológico Comfenalco. (Colombia) Tlfn: + 57 3205180447 Email:
jotero@tecnologicocomfenalco.edu.co

Resumen

En la actualidad la producción de imágenes digitales se ha convertido en un negocio rentable para empresas especializadas que ofrecen softwares comerciales para la creación de imágenes, el uso de estas herramientas ha condicionado a la sociedad digital al pago de una licencia o la falsificación de una clave. Este documento tiene la finalidad de exponer alternativas libres para la creación de imágenes digitales, con el fin de explicar la capacidad y la libertad de producción de estas herramientas de uso libre. Las imágenes digitales son la representación binaria de un objeto real, las cuales se pueden visualizar y/o editar con un software especializado. Los más conocidos son softwares privativos como Photoshop, en el cual el usuario tiene limitaciones para usarlo, modificarlo o redistribuirlo; por lo general es pago e incita al usuario a bajar copias piratas de internet. Por esta razón el uso de herramientas libres favorece a la producción de imágenes digitales, debido a que les dan libertad a los usuarios sobre su producto adquirido, este puede ser usado, copiado, estudiado, modificado, y/o redistribuido de forma libre. Para cumplir el objetivo planteado se diseñó una campaña publicitaria empresarial, en la cual se elaboró la imagen corporativa con herramientas libres como Pixlr, Inkscape y TheGimp. Gracias a la utilización de estas herramientas se evidenció mejoras en el proceso de tratado de imágenes digitales y la capacidad de poder tener control del software que utilizamos, y mitigar esos peligros que acechan la libertad de la sociedad digital.

Palabras clave

Diseño, Digital, Herramientas, Sociedad, Software Libre

ACTAS **ICONO**14 - Nº 11 VI Simposio Las Sociedades ante el Reto Digital | 05/2013 | ASOCIACIÓN DE COMUNICACIÓN Y NUEVAS TECNOLOGÍAS
C/ Salud, 15 5º dcha. 28013 – Madrid (España) | ISBN: 978-84-15816-04-1 | CIF: G - 84075977 | www.icono14.net/actas

Abstract

At present the production of digital images has become a profitable business for specialized companies that offer commercial software for the creation of images, the use of these tools has conditioned the digital society to a license fee or falsification of a key. This document is intended to expose free alternatives for the creation of digital images, in order to explain the capacity and freedom of production of these tools for free use. Digital images are the binary representation of a real object, which can display or edit with specialized software. The best known are proprietary softwares as Photoshop, in which the user has limitations to use, modify or redistribute it; it is usually payment and prompts the user to download pirated copies of internet. For this reason the use of free tools helps the production of digital images, because they give freedom to users about your product purchased, it can be used, copied, studied, modified, or redistributed in a manner free. A corporate advertising campaign, which developed the corporate image with Pixlr, Inkscape and TheGimp-free tools, is designed to fulfill the stated objective. Thanks to the use of these tools were evident improvements in the process of Treaty of digital images and the ability to take control of the software we use, and mitigating those hazards that threaten the freedom of digital society.

Key words

Design, Digital, free Software, society, tools

1. Introducción

Actualmente el monopolio establecido por las empresas distribuidoras de software, acechan contra la libertad de la sociedad digital porque provoca que la evolución, bienestar y modo de vivir de las personas sean afectadas y/o amenazada. Las principales amenazas de los usuarios finales de las tecnologías digitales se centran en la vigilancia, censura y software privativo.

La amenaza del software privativo, obliga a los usuarios a limitar el acceso y/o ejecución de los programas por medio de un conjunto de reglas; y que además no pueda comprender y cambiar el código fuente de los programas que utiliza. Estas complicaciones producen en la sociedad actitudes inadecuadas y hasta ilegales en ciertos países.

Por lo anterior surge el software libre, el cual se basa en respetar la libertad de los usuarios y la comunidad. En términos generales, los usuarios tienen la libertad de copiar, distribuir, estudiar, modificar y mejorar el software. Con estas libertades, los usuarios controlan el programa y lo que este hace.

Los lineamientos del software libre, produjeron alternativas libres de herramientas privadas, la sociedad que produce imágenes digitales, se benefició de la creación de herramientas libres para la producción de imágenes digitales, debido a que le brinda la oportunidad a esa sociedad digital, de tener una herramienta que no genera altos gastos, ni limita el desarrollo, por no tener una versión profesional, y además, cuenta con las mismas características y funcionamientos.

Este documento busca mostrar diferentes herramientas libres utilizadas para el proceso de producción de imágenes digitales la metodología implementada se basa en la recolección de

ACTAS **ICONO**14 - Nº 11 VI Simposio Las Sociedades ante el Reto Digital | 05/2013 | ASOCIACIÓN DE COMUNICACIÓN Y NUEVAS TECNOLOGÍAS

C/ Salud, 15 5º dcha. 28013 – Madrid (España) | ISBN: 978-84-15816-04-1 | CIF: G - 84075977 | www.icono14.es/actas

datos en fuentes de fabricaste y casos de existo. Como resultado principal de esta investigación se resalta una campaña empresarial diseñada bajo el uso de herramientas libres.

2. Objetivos

2.1. General

Describir la importancia de las herramientas libres para la creación de imágenes digitales.

2.2. Específicos

- Identificar los requerimientos que influyen en la creación de imágenes digital.
- Analizar los requerimientos y establecer herramientas de desarrollo.
- Detectar y especificar la viabilidad de las herramientas libres.
- Producir imágenes digitales en función de las herramientas libres detectadas.
- Determinar un resultado de la producción de las imágenes digitales.

3. Sociedad Digital

En la actualidad la sociedad se ha influenciado por la era digital, esta tendencia distorsiona el concepto que se tiene de la sociedad y la influencia de la información en ella. La sociedad digital amplía su tendencia, con repercusiones que influyen en la cotidianidad y el vivir de las personas. Existen otras sociedades en se encuentran inmersiva, como lo es la sociedad mediática, del espectáculo, de la televisión, etc.

El internet no es el único mediador de la sociedad digital, aunque este ha desempeñado un papel importante como medio que facilita el acceso e intercambio de información y datos. Existen otros canales comunicativos como los medios multimedia, que facilitan el crecimiento de la sociedad digital.

El reto para los individuos que se desarrollan en todas las áreas de conocimiento, es vivir de acuerdo con las exigencias de este nuevo tipo de sociedad, estar informados y actualizados, innovar, y basándose a eso, generar propuestas y generar conocimiento.

4. Software Libre

Tiene como finalidad brindar a los usuarios la libertad de ejecutar, copiar, distribuir, estudiar, cambiar y mejorar el software. Este movimiento delimita cuatro libertades de los usuarios del software:

ACTAS **ICONO**14 - Nº 11 VI Simposio Las Sociedades ante el Reto Digital | 05/2013 | ASOCIACIÓN DE COMUNICACIÓN Y NUEVAS TECNOLOGÍAS
C/ Salud, 15 5º dcha. 28013 – Madrid (España) | ISBN: 978-84-15816-04-1 | CIF: G - 84075977 | www.icono14.es/actas

- Libertad 0: La libertad de usar el programa, con cualquier propósito.

- Libertad 1: La libertad de estudiar cómo funciona el programa, y adaptarlo a tus necesidades.

- Libertad 2: La libertad de distribuir copias.

- Libertad 3: La libertad de mejorar el programa y hacer públicas las mejoras a los demás, de modo que toda la comunidad se beneficie.

Un programa o herramienta es categorizado software libre, siempre y cuando les brinde a los usuarios las 4 libertades.

5. Herramientas Libres

El diseño de imágenes digitales en la actualidad demanda inversión en equipos, periféricos externos y en software o herramientas de diseño, para realizar las tareas básicas de diseño. Pero el problema radica en que la inversión que genera este tipo de producciones puede llegar a ser elevada y/o generan acciones ilegales para conseguirlas.

Basándose en esto surgieron las herramientas libres para el desarrollo de imágenes digitales, las cuales brindan a los diseñadores una solución basada en las libertades del software libre y licencias GNU/GPL.

A partir de las necesidades de crear y manipular fotografías, imágenes digitales, vectores, diseño de publicación y animación en 2 y 3 dimensiones, las casas de software y las comunidades promotoras del software libre lanzaron herramientas fáciles de manejar, a ningún costo y con las mismas caracterices de un software comercial.

5.1. Trabajo de Diseño 2D

Gimp: fue creado con la finalidad de editar imágenes digitales en forma de mapa de bits, es la alternativa del software libre, comparándolo con la versión comercial de retoque fotográfico Photoshop.

Entre las herramientas que proporciona a los usuarios se destacan la de selección (rectangular, esférica, lazo manual, varita mágica, por color), tijeras inteligentes, herramientas de pintado como pincel, brocha, aerógrafo, relleno, texturas, etc. Posee herramientas de modificación de escala, de inclinación, de deformación, clonado en perspectiva o brocha de curado (para corregir pequeños defectos) [13]. Posee también herramientas de manipulación de texto. Dispone también de muchas herramientas o filtros para la manipulación de los colores y el aspecto de las imágenes, como enfoque y desenfoque, eliminación o adición de manchas, sombras, mapeado de colores, etc. (Ver Figura 1).

ACTAS **ICONO**14 - Nº 11 VI Simposio Las Sociedades ante el Reto Digital | 05/2013 | ASOCIACIÓN DE COMUNICACIÓN Y NUEVAS TECNOLOGÍAS
C/ Salud, 15 5º dcha. 28013 – Madrid (España) | ISBN: 978-84-15816-04-1 | CIF: G - 84075977 | www.icono14.es/actas

Figura1. Entorno de Gimp.

Inkscape: es una alternativa de código abierto a editores de gráficos vectoriales propietarios como Illustrator, Freehand o CorelDraw.

Las características soportadas incluyen: formas, trazos, texto, marcadores, clones, mezclas de canales alfa, trasformaciones, gradientes, patrones y agrupamientos. Inkscape también soporta metadatos Creative Commons, edición de nodos, capas, operaciones complejas con trazos, vectorización de archivos gráficos, texto en trazos, alineación de textos, edición de XML directo y mucho más [14]. Puede importar formatos como Postscript, EPS, JPEG, PNG, y TIFF y exporta PNG así como muchos formatos basados en vectores. (Ver Figura 2) El objetivo principal de Inkscape es crear una herramienta de dibujo potente y cómoda, totalmente compatible con los estándares XML, SVG y CSS.

Figura2. Entorno de Inkscape.

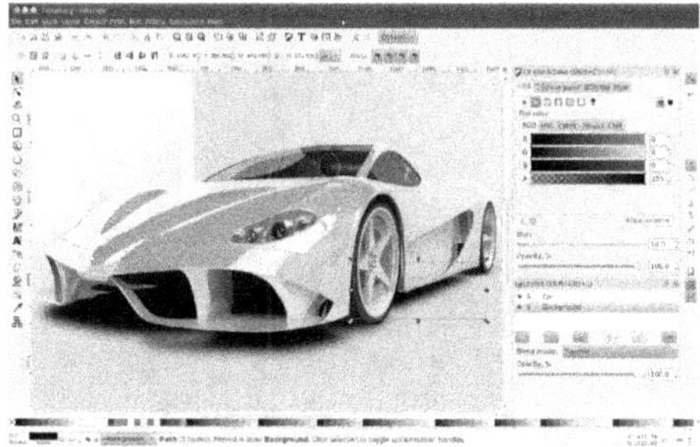

ACTAS **ICONO**14 - Nº 11 VI Simposio Las Sociedades ante el Reto Digital | 05/2013 | ASOCIACIÓN DE COMUNICACIÓN Y NUEVAS TECNOLOGÍAS

C/ Salud, 15 5º dcha. 28013 – Madrid (España) | ISBN: 978-84-15816-04-1 | CIF: G - 84075977 | www.icono14.es/actas

SynfigStudio: es un programa de animación 2D gratuito y de código abierto, diseñado como una solución para crear animación con calidad para películas utilizando arte vectorial y bitmap. Eliminando la necesidad de crear animación cuadro por cuadro (frame by frame), permitiendo al usuario producir animación 2D de alta calidad con pocos recursos en equipo y personal.

CinePaint: es un programa de Software Libre de retoque y manipulación de imágenes o fotogramas de películas. Se desarrolló a partir de la versión 1.0.4 del Gimp y se ha usado en películas como Scooby-Doo, Harry Potter y la piedra filosofal, El último Samurái, Stuart Little, Looney Tunes, El planeta de los simios o Spider-Man, entre otras.

5.2. Trabajo de Diseño 3D

Blender: es un programa de modelado, animación y creación de gráficos tridimensionales. El programa fue inicialmente distribuido de forma gratuita pero sin el código fuente, con un manual disponible para la venta, aunque posteriormente pasó a ser software libre [17]. Actualmente es compatible con todas las versiones de Windows, Mac OS X, GNU/Linux, Solaris, FreeBSD e IRIX.

Entre sus características están: Modelado, esculpido, texturizado, texturizado UV, pintar UV sobre los modelos, materiales, sistema de nodos para las texturas y materiales para mayor complejidad y profesionalismo, multitextura, texturizados aplicados a diversos elementos (Color, reflejo, transparencia, bump, etc.), sistema de Huesos, sistema de partículas, simulador de océanos, animación, animación no linear, desarrollo de juegos en el sistema, composición, motor de Render (Internal y Cycles), edición de video, modificadores, tracking de cámara, una gran cantidad de Adons para aumentar el potencial del programa, entre otras [18]. (Ver Figura 3)

Figura3. Entorno de Blender

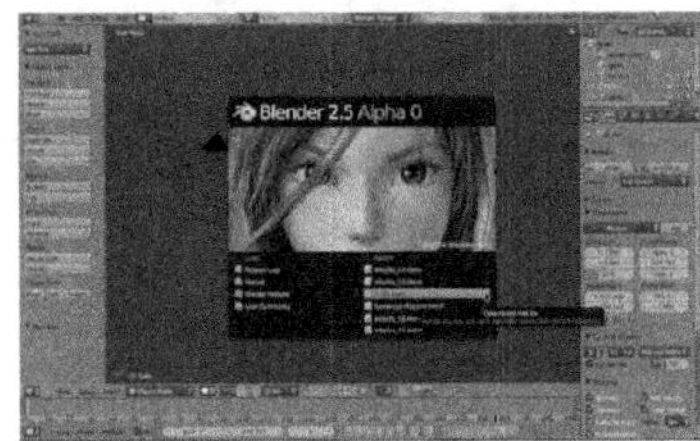

5.3. Relación Costo-Recursos entre Herramientas Libres vs Comerciales

Figura4. Infografías de comparación entre herramientas libres y comerciales.

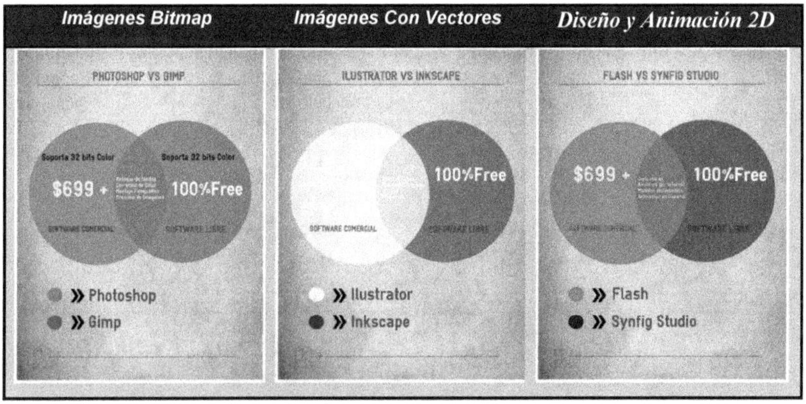

6. Resultado

Con el fin de evidenciar la viabilidad del uso de herramientas libres para la creación de imágenes digitales, se planteó diseñar una campaña publicitaria empresarial. Creando la imagen cooperativa de un instituto de formación integral, el cual es el actor beneficiario; para esta campaña se utilizaron las herramientas Gimp e Inkscape.

Logotipo: El logotipo de la campaña publicitaria empresarial se realizó con Inkscape, se basó los servicios que presta y la razón social de la institución. En la herramienta Inkscape, se utilizaron las herramientas de figuras para darle una forma inicial al diseño del logotipo. A través de la herramienta de texto se generó, el nombre de la institución. (Ver figura 5).

Figura5. Logotipo diseñado para el instituto.

Flyer: Para la realización del flyer publicitario se utilizó la herramienta Gimp. En la herramienta Gimp, se utilizaron las herramientas de corte y varita para realizar posicionamientos entre figuras. A través de la herramienta de texto se generó, la información del flyer. (Ver figura 6)

Figura6. Flyer publicitario.

7. Conclusiones

El uso del software libre en el sector del diseño y creación de imágenes digitales u otros tipos de sectores, permite que la inversión económica para la compra sea mínima o nula.

Las herramientas de software Libre tienden a poseer variedad de funcionalidades, debido a la libertad de acceso al código fuente y la mentalidad de compartir en la comunidad.

El uso de las herramientas de software Libre se fundamenta en estándar con la finalidad de facilitar el análisis y diseño para la creación de imágenes. Este comportamiento hace posible que las empresas que decidan utilizar este tipo de herramienta inviertan poco tiempo y obtengan resultados de calidad.

La única diferencia que posee una herramienta con licenciamiento privado con el Software Libre es soporte garantizado que tiene por el fabricante, pero actualmente el uso de la web 2.0 ha permitido que la comunidad comparta soluciones a problemas que se generen con el uso.

El aporte de la herramienta de Software Libre permite contrarrestar los peligros de monopolización que acecha a la libertad de la sociedad digital.

El uso de herramientas libre de diseño permite que las personas que inicia en este campo puedan realizar prácticas y proponer resultados sin necesidad de pagar por el uso, esto permite que las personas interesadas en el diseño no encuentren limitaciones para vincularse en el campo del diseño.

ACTAS **ICONO**14 - Nº 11 VI Simposio Las Sociedades ante el Reto Digital | 05/2013 | ASOCIACIÓN DE COMUNICACIÓN Y NUEVAS TECNOLOGÍAS

C/ Salud, 15 5º dcha. 28013 – Madrid (España) | ISBN: 978-84-15816-04-1 | CIF: G - 84075977 | www.icono14.es/actas

Referencias

- Aguiar, V., Ferray, J (2007). Sociedad de la Información, Educación para la Paz y Equidad de Género. Netbiblo. 354 pág.

- Agustín, M. (2011). Polisemias visuales. Aproximaciones a la alfabetización visual en la sociedad intercultural. Universidad de Salamanca. Pág 174.

- Belén, M. (2006). Los usos de internet: comunicación y sociedad. Volumen 2. Flacso-Sede Ecuador.

- Chamillar, G. (2011). Ubuntu. Administración de un sistema Linux. Ediciones ENI. 367 pág.

- CinePaint [En Línea] http://www.cinepaint.org/[Consulta Febrero 2013]

- Diario Levante. El impulsor del software libre alerta de censura y vigilancia en el mundo digital [En Línea] http://www.levante-emv.com/comunitat-valenciana/2013/01/29/impulsor-software-libre-alerta-censura-vigilancia-mundo-digital/970409.html [Consulta Febrero 2013]

- Fernández, A. (2011). Cámbiate a Linux. RC Libros. 198 pág.

- Feltrero, R. (2008). Software Libre. Icaria Editorial.159 pág.

- Introducción a Inkscape [En Línea] http://blog.desdelinux.net/inkscape-introduccion-a-inkscape/[Consulta Febrero 2013]

- López, J. (2010). Optimización del modelado 3D en Blender de la esclusa número 41 del Canal de Castilla. Proyectos fin de carrera de la EII. Dpto. Ciencia de los Materiales e Ingeniería Metalúrgica, Expresión Gráfica en la Ingeniería, Ingeniería Cartográfica, Geodesia y Fotogrametría, Ingeniería Mecánica e Ingeniería de los Procesos de Fabricación

- Marroquín, N. (2010). Tras los pasos de un... Hacker. NMC Research Cía Ltda. 746 pág.

- Niño, J. (2011). Sistemas operativos monotipos. Editex. 312 pág.

- Niqui, C. (2011). La comunicación es vida: reflexiones eclécticas sobre tics y contenidos audiovisuales. Editorial UOC. 316 pág.

- Payles, J. (2010). Using GIMP. Que Publishing. 203 pág.

- Salvat, D., Serrano, V. (2011).La revolución digital y la sociedad de la información. Comunicación Social.160 pág.

- Smith, J., Joost, R. (2012). Aprende GIMP. Grupo Anaya Comercial. 256 pág.

- Suau, P. (2011). Manual de modelado y animación con Blender. Universidad de Alicante. 156 pág.

ACTAS **ICONO**14 - Nº 11 VI Simposio Las Sociedades ante el Reto Digital | 05/2013 | ASOCIACIÓN DE COMUNICACIÓN Y NUEVAS TECNOLOGÍAS
C/ Salud, 15 5º dcha. 28013 – Madrid (España) | ISBN: 978-84-15816-04-1 | CIF: G - 84075977 | www.icono14.es/actas

ACTAS **ICONO**14 - Nº 11 VI Simposio Las Sociedades ante el Reto Digital | 05/2013 | ASOCIACIÓN DE COMUNICACIÓN Y NUEVAS TECNOLOGÍAS

C/ Salud, 15 5º dcha. 28013 – Madrid (España) | ISBN: 978-84-15816-04-1 | CIF: G - 84075977 | www.icono14.es/actas

WYVERNAPP: LIBRO DIGITAL PARA LA MEJORA DEL PROCESO DE ENSEÑANZA Y APRENDIZAJE DE LAS TIC

José de los Santos Solórzano Suárez

Estudiante

Facultad de Ingeniería de Sistemas. Fundación Universitaria Tecnológico Comfenalco. (Colombia) Tlfn: + 57 3163558280
Email:jsolorzano@elitesemillero.com

Jair Enrique Otero Foliaco

Docente

Facultad de Ingeniería de Sistemas. Fundación Universitaria Tecnológico Comfenalco. (Colombia) Tlfn: + 57 3205180447 Email:
jotero@tecnologicocomfenalco.edu.co.

Resumen

El surgimiento de una nueva tecnología como son los libros electrónicos, incentiva a que personas cultiven y retomen el hábito de leer, además contribuye con el ambiente y reduce la tala de árboles. Por consiguiente se pretende en esta investigación promover mediante el desarrollo de un libro electrónico basado en plataformas móviles la mejora del proceso de Enseñanza y aprendizaje de las TIC. Un libro electrónico o ebook no es más que cualquier forma de fichero en formato digital y como tal, puede descargarse en dispositivos electrónicos para su posterior visualización. Estos libros digitalizados actualmente son fuente masiva en las plataformas móviles, algunas de ellas como Android e iOS, las más conocidas. Se utiliza una metodología apoyado en la investigación tecnológica, de donde se establecieron pasos para la realización de esta aplicación móvil, que son análisis previo, diseño de la aplicación, desarrollo y finalmente la exportación, para obtener el instalador apk que es el producto final. Para corroborar el cumplimiento de los objetivos propuestos se desarrolló a través de la herramienta libre FLIPPING BOOK PUBLISHER 2, un libro electrónico, que contiene información sobre las nuevas tecnologías como la computación, los dispositivos móviles, los sistemas operativos, dispositivos Smart, además se tuvo en cuenta también la robótica, software y hardware libre y por supuesto tics para el 2015 en adelante. Esta tecnología permite a sus lectores ser independientes en sus procesos cognitivos y acoplarse a las nuevas formas de enseñanza y aprendizaje de la sociedad actual.

Palabras clave

Android, E-book, Dispositivos móviles, Digitalización, Herramientas libres, Tic

ACTAS **ICONO**14 - Nº 11 VI Simposio Las Sociedades ante el Reto Digital | 05/2013 | ASOCIACIÓN DE COMUNICACIÓN Y NUEVAS TECNOLOGÍAS
C/ Salud, 15 5º dcha. 28013 – Madrid (España) | ISBN: 978-84-15816-04-1 | CIF: G - 84075977 | www.icono14.es/actas

Abstract

The emergence of a new technology such as electronic books, encourages more people without touching a piece of paper resume the habit of reading, also contributes to the environment and reduce tree felling. Therefore intends in this research promote the teaching and learning of ICT process improvement through the development of an e-book based on mobile platforms. An electronic book or ebook is not over any form of file in digital format and as such, can be downloaded in electronic devices for later viewing. These books digitized currently are massive source on mobile platforms, some like Android and iOS, the best-known. A methodology is used in technological research, where established steps for the realization of this mobile application, which are prior analysis, design implementation, development and finally export, to obtain the installer apk that is the final product. To verify the fulfilment of the objectives it was developed through the free tool ANDROID BOOK APP MAKER, an e-book, containing information about new technologies such as computing, mobile devices, operating systems, Smart devices, also was taken into account also Robotics, software and free hardware and of course ICT 2015 onwards. This technology allows readers to be independent in their cognitive processes and attached to the new forms of teaching and learning in today's society.

Key words

Android, Ebook, Mobile Devices, Digitizing, Free Tools, TIC

1. Introducción

En los últimos tiempos los cambios tecnológicos y sociales han producido impacto en los ambientes educativos. Las competencias necesarias para el desarrollo de los individuos en la sociedad, junto con las posibilidades que las tecnologías de la información y de la comunicación presentan para los procesos de enseñanza y aprendizaje, interpelan las prácticas docentes, requiriendo su revisión e invitando a reflexionar sobre el reto de su integración en los proyectos pedagógicos.

El uso del TIC en este contexto requiere de una reflexión referente a los cambios que implican en la realidad, para que sirven y como pueden ser utilizadas en función de la situación educativas de los valores éticos, etc. También reflexionar en cómo es posible potenciar su uso en diferentes contextos de enseñanza y aprendizaje. Con este libro se quiere explorar el entramado entre las TIC, la construcción del conocimiento y sus implicaciones para la enseñanza y el aprendizaje, desde un contexto conceptual que da cuenta de las múltiples dimensiones a considerar para la integración de las TIC en las áreas y disciplinas curriculares, tales como psicológicas, didácticas disciplinares y tecnológicas. Se abordan además consideraciones teóricas que ayuden a reflexionar acerca del impacto de las TIC en el desarrollo de gestión de la información, aportes distintivos al aprendizaje, facilitados por la interacción con múltiples representaciones y su transformación dinámicas, tipo de propuestas

ACTAS **ICONO**14 - Nº 11 VI Simposio Las Sociedades ante el Reto Digital | 05/2013 | ASOCIACIÓN DE COMUNICACIÓN Y NUEVAS TECNOLOGÍAS

C/ Salud, 15 5º dcha. 28013 – Madrid (España) | ISBN: 978-84-15816-04-1 | CIF: G - 84075977 | www.icono14.es/actas

didácticas que faciliten a los alumnos la exploración , el descubrimiento y la construcción de significados, formas de gestión escolar que requieren dichas propuestas.

2. Objetivos

- Desarrollar un libro digital para la mejora del proceso de enseñanza y aprendizaje de las Tic.

- Determinar los requerimientos necesarios que permita el funcionamiento del sistema.

- Analizar .los requerimientos funcionales y no funcionales para especificar las funciones del sistema.

- Diseñar un modelado del sistema, con la intención de tener una guía para el desarrollo del libro digital .

- Plasmar el modelado del sistema en una herramienta libre para desarrollo de libros digitales

3. Marco Teórico

3.1. Android

Android es un conjunto de herramientas de software para teléfonos móviles, creado por Google y la Open Handset Alliance. Está dentro de millones de teléfonos celulares y otros dispositivos móviles (Ver Figura 1), lo que hace de Android una importante plataforma para desarrolladores de aplicaciones.

Figura 1: Logo Android

Android es basado en Linux, diseñado principalmente para móviles con pantalla táctil como teléfonos inteligentes o tabletas inicialmente desarrollados por Android, Inc.[6], que Google respaldó económicamente y más tarde compró en 2005. Esta plataforma permite el desarrollo de aplicaciones por terceros (personas ajenas a Google), para lo cual, los desarrolladores deben de escribir código gestionado en el lenguaje de programación Java y controlar los dispositivos por medio de bibliotecas desarrolladas o adaptadas por Google, es decir, escribir programas en C u otros lenguajes, utilizando o no las bibliotecas de Google

3.2. Dispositivos móviles

Un dispositivo móvil se considera a todo aparato de pequeño tamaño, con algunas capacidades de procesamiento, con conexión permanente o intermitente a una red, con memoria limitada, que ha sido diseñado específicamente para una función (Ver Figura 2), pero que puede llevar a cabo otras funciones más generales.

Figura 2: Smartphone Negro

La evolución del teléfono móvil ha permitido disminuir su tamaño y peso[9], desde el Motorola DynaTAC, el primer teléfono móvil en 1983 que pesaba 780 gramos, a los actuales que son compactos y con mayores prestaciones de servicio. Además a lo largo de estos años se ha llevado a cabo el desarrollo de baterías más pequeñas y de mayor duración, pantallas más nítidas y de colores, la incorporación de software más amigable. Inicialmente los teléfonos móviles sólo permitían realizar llamadas de voz y enviar mensajes de texto. Conforme la tecnología fue avanzando se incluyeron nuevas aplicaciones como juegos, alarma, calculadora y acceso WAP (acceso a Internet mediante páginas web especialmente diseñadas para móviles[10]).

3.3. Digitalización

La digitalización documental consiste en convertir un documento físico o papel en un archivo digital o imagen electrónica(Ver Figura 3), mediante equipos especializados para ello, llamados escáneres[11]. El término digitalización, hace referencia al proceso de crear imágenes digitales de objetos, como registros en papel o fotografías y almacenarlos en soportes electrónicos, como discos ópticos.

ACTAS **ICONO**14 - Nº 11 VI Simposio Las Sociedades ante el Reto Digital | 05/2013 | ASOCIACIÓN DE COMUNICACIÓN Y NUEVAS TECNOLOGÍAS

C/ Salud, 15 5º dcha. 28013 – Madrid (España) | ISBN: 978-84-15816-04-1 | CIF: G - 84075977 | www.icono14.es/actas

La mayoría de la información o los datos se almacenan en forma de archivos de papel o informes, que se acumulan en los últimos años, dando lugar a archivos de documentos en papel difícilmente accesibles y la consecuente pérdida de datos. La obtención de los documentos o datos necesarios cuando se necesitan a veces es difícil y una gran pérdida de tiempo por tener que andar buscando entre papeles y archivos.

Figura 3: Digitalización de documentos

El proceso de digitalización de documentos es la solución a este problema con este proceso se obtienen las herramientas para hacer más ágil y accesible el acceso a la información de la empresa.

3.4. *E-book*

Un ebook es un libro en formato electrónico o digital. Está confeccionado para ser leído en cualquier tipo de ordenador o en dispositivos específicos como los lectores de tinta electrónica e, incluso, en ordenadores de bolsillo o teléfonos móviles(Ver Figura 4).

Son populares porque permiten a opciones similares a las de un libro de papel - los lectores pueden marcar páginas, hacer notas, resaltar pasajes y guardar texto seleccionado. Además de estas posibilidades familiares, lectores de libros electrónicos como diccionarios integrados y tamaños de fuente y estilos alterables.

Figura 4: Libro electrónico en tableta.

ACTAS **ICONO**14 - Nº 11 VI Simposio Las Sociedades ante el Reto Digital | 05/2013 | ASOCIACIÓN DE COMUNICACIÓN Y NUEVAS TECNOLOGÍAS

C/ Salud, 15 5º dcha. 28013 – Madrid (España) | ISBN: 978-84-15816-04-1 | CIF: G - 84075977 | www.icono14.es/actas

3.5. Software libre

Cuando se habla de Software Libre, se hace referencia a la libertad de los usuarios para ejecutar, copiar, distribuir, estudiar, cambiar y mejorar el software. Se refiere a cuatro libertades de los usuarios del software:

- La libertad de usar el programa, con cualquier propósito (libertad 0).(Ver Figura 5)

- La libertad de estudiar cómo funciona el programa, y adaptarlo a tus necesidades (libertad 1). El acceso al código fuente es una condición previa para esto.

- La libertad de distribuir copias, con lo que puedes ayudar a tu vecino (libertad 2).

- La libertad de mejorar el programa y hacer públicas las mejoras a los demás, de modo que toda la comunidad se beneficie. (libertad 3). El acceso al código fuente es un requisito previo para esto.

Figura 5: Herramientas Libres

4. Metodología

A continuación se muestra la metodología utilizada para la elaboración de este proyecto de investigación, teniendo en cuenta los diferentes métodos y técnicas propias de cada una de las etapas que intervinieron en el estudio, incluyendo los procedimientos, recolección, procesamiento y análisis de la información.

4.1. Tipo de investigación

Considerando las características del presente estudio el tipo de investigación que se realizó es de tipo Tecnológica, que consiste en la invención de artefactos para solucionar problemáticas y obtener beneficios económicos.

ACTAS **ICONO**14 - Nº 11 VI Simposio Las Sociedades ante el Reto Digital | 05/2013 | ASOCIACIÓN DE COMUNICACIÓN Y NUEVAS TECNOLOGÍAS
C/ Salud, 15 5º dcha. 28013 – Madrid (España) | ISBN: 978-84-15816-04-1 | CIF: G - 84075977 | www.icono14.es/actas

Conociendo el tipo de investigación y teniendo en cuenta el crecimiento del desarrollo de libros electrónicos cuyo eje central es la combinación de animaciones, video, sonido , se hizo necesario una metodología para el desarrollo de este tipo de contenidos, que para este caso se enfatiza especialmente en la utilización de texto, imágenes e interactividad. La metodología que se presenta se base en partes de metodologías existentes y a su vez, agrega nuevas herramientas necesarias para este tipo de proyecto.

La metodología se dividió en fases:

- Presentación y propuesta de la idea: Definición en términos generales del proyecto a diseñar, realizando un debate a partir de una lluvia de ideas y eligiendo los temas centrales del libro electrónico, verificando también la viabilidad del proyecto para la sociedad.

- Recopilación de datos: Se realiza la búsqueda masiva de información concerniente a la investigación, en primera instancia los temas más comunes sobre TIC para los lectores del libro digital.

- Identificación de los requerimientos funcionales: Se establecieron las funcionalidades y requisitos para la implementación del libro digital, una de ellas es que el sistema debe ser multiplataforma y de fácil adapte a las dimensiones de los dispositivos.

- Diseño del Libro: Realización de un debate para delimitar los contenidos del libro, cantidad de capítulos, numero de tomos, imágenes y forma de la navegación, basados en la búsqueda de una forma interactiva para el usuario.

- Desarrollo de prototipo: Esta etapa conlleva a la utilización de la herramienta de creación de libros digitales para hacer una prueba, donde se pueda determinar la compatibilidad, dimensiones del libro, funcionamiento y demás. Se crea un capitulo que contiene imágenes, texto, e información referente a la introducción de las TIC.

- Desarrollo del Libro: Consecuente con las etapas anteriores, se da paso a generar los capítulos con la información recolectada, creando con la herramienta de desarrollo, los diversos estilos y funcionalidades plasmadas en el diseño, agregando a su vez los capítulos e imágenes faltantes.

- Exportación: Se realiza el proceso de exportación del instalador APK, del libro digital Wyvernapp, con el respectivo proceso de rellenar la información asociada al libro, como nombre, fecha de creación, etc.

- Pruebas y Validación: Instalar la aplicación en dispositivos de diferentes plataformas, para corroborar su funcionabilidad, navegando por los hojas del mismo, ampliando y reduciendo vista y modificando las configuraciones del visor de libros.

- Mantenimiento: Finalmente se hacen los respectivos retoques del libro digital, dependiendo de las pruebas realizadas y así poder dar el visto bueno para utilizarse en cualquier dispositivo.

ACTAS **ICONO**14 - Nº 11 VI Simposio Las Sociedades ante el Reto Digital | 05/2013 | ASOCIACIÓN DE COMUNICACIÓN Y NUEVAS TECNOLOGÍAS

C/ Salud, 15 5º dcha. 28013 – Madrid (España) | ISBN: 978-84-15816-04-1 | CIF: G - 84075977 | www.icono14.es/actas

5. Resultados

De acuerdo con el objetivo plantado se construyó un libro digital llamado Wyvernapp, que en primera instancia se dividió en cuatro tomos ,estos llevan como nombres Tics, Tics en la educación, Tics esta vez más comunicación e información y Tics lo que es y lo que será respectivamente.

Este primer tomo llamado Tics, se compone de los siguientes capítulos:

- PC: ¿Sabes quién soy y de dónde soy?: Este capítulo inicial explica la definición del computador, su historia y evolución, permitiendo que el estudiante se adapte a la herramienta con la cual esta interactuando.

- Y ¿cuál de tantos PC's elegir?: Debido a la evolución de los computadores, las distintas empresa han entrado en un boom de desarrollo de las mismas, por tal razón existen disímiles modelos de estos PC's y en el capítulo se trata de dar una orientación para elegir uno que se adapte a las necesidades del usuario.

- ¿Conoces tu computador?: Después haber elegido el computador indicado, se empieza una exploración por cada una de las partes y componentes del computador, sus funcionalidades y clasificación.

- PC: Mi alma es esencial, dame un buen sistema operativo: además de los componentes físicos, es necesario conocer qué sistema controla nuestros periféricos, es entonces en esta parte del libro donde se dan a conocer las alternativas disponibles en sistemas operativos para computadores, comparando cada una de sus características y dando sugerencias para elegir aquel sistema que sea adecuado para nuestro PC.

- Tu computador necesita vida, dale aplicaciones: Es necesario conocer algunas de las muchas herramientas que pueden servir en las. labores cotidianas de cada persona, como editores de textos, editores de imágenes, reproductor de música, utilidades, etc.

- PC: Técnicas por si estoy enfermo: Las computadores no están absueltas de los muchos problemas que pueden afectar el buen funcionamiento del sistema, entre ellas los virus, las condiciones de humedad, calor, mal uso de los componentes o fallas eléctricas. En esta sección se explica cada uno de estos problemas y las posibles soluciones a estos.

- Naveguemos juntos: Finamente, después de conocer la herramienta con que se trabaja, sus partes, componentes y características, se da paso a la utilización de la Internet, conociendo como su utilidad y los riesgos que se pueden correr a navegar por la red.

Cada uno de estos con información didáctica y fácil de entender para la comunidad a quien va dirigida en este caso niños, y adultos mayores principalmente, también se destaca la compatibilidad de la aplicación con las distintas versiones del sistema operativo Android.

ACTAS **ICONO**14 - Nº 11 VI Simposio Las Sociedades ante el Reto Digital | 05/2013 | ASOCIACIÓN DE COMUNICACIÓN Y NUEVAS TECNOLOGÍAS
C/ Salud, 15 5º dcha. 28013 – Madrid (España) | ISBN: 978-84-15816-04-1 | CIF: G - 84075977 | www.icono14.es/actas

6. Conclusiones

El desarrollo de un libro electrónico para mejorar los procesos de enseñanza y aprendizaje, proporcionan nuevos recursos que mejoran la comprensión, la atención y la implicación del alumnado, facilitando de una u otra manera la renovación metodológica orientada a la innovación didáctica, además de permitir la adquisición de competencias concerniente a las TIC.

La veracidad y fácil interpretación de la información contenida en el libro, permite que niños, niñas, jóvenes, adolescentes y adultos mayores puedan aprender y divertirse con cada uno de los contenidos, con la oportunidad de ir evolucionando el nivel de aprendizaje con la lectura de cada uno de los capítulos.

Es de resaltar que la utilización de estos contenidos digitales también mejora la memoria visual, facilita la individualización y el trabajo autónomo de los estudiantes, el desarrollo de la imaginación y la creatividad, aumentando la satisfacción, motivación y autoestima docente-alumno .

Referencias

- Álvarez M. (2006) La acción tutorial: su concepción y su práctica. Ministerio de Educación 2006.301 pág.
- Arroyo N. Información en el móvil (2011) Editorial UOC, 2011. 112 pág.
- Azinián, H. (2009) Las tecnologías de la información y la comunicación en las prácticas pedagógicas. Noveduc Libros. 2009. 311 pág.
- Cabrera, M (2010) Evolución tecnológica y cibermedios. Comunicación Social, 2010. 184 pág.
- Dispositivos móviles [En línea]. http://leo.ugr.es/J2ME/INTRO/intro_4.htm / [Consulta Febrero de 2013]
- García, A. Google se hace móvil Android. Linux-Magazine, 49, 50-53.
- Kenneth C, Jane P. Sistemas de información gerencial: administración de la empresa (2004). Pearson Educación, 2004. 564 pág.
- Osorio, L. (2011) Interacción en ambientes híbridos de aprendizaje: Metáfora del contínuum. Editorial UOC, 2011. 170 pág.
- Pérochon A, (2012) Android - Guía de desarrollo de aplicaciones para Smartphones y Tabletas. Ediciones ENI, 2012. 408 pág.
- Sánchez, J. (2010). Nuevas tendencias en comunicación.ESIC Editorial, 2010.280 pág.
- Sociedad del conocimiento (2008) Software Libre. Icaria Editorial, 2008. 159 pág.
- Reynal, V (2011) Las Humanidades En La Era Digital. La Editorial, UPR, 2001. 255 pág.
- Wayner, P (2001) La ofensiva de software libre: cómo Linux y el movimiento del software libre se impusieron frente a los titanes de la alta tecnología. Ediciones Granica S.A., 2001. 473 páginas

ACTAS **ICONO**14 - Nº 11 VI Simposio Las Sociedades ante el Reto Digital | 05/2013 | ASOCIACIÓN DE COMUNICACIÓN Y NUEVAS TECNOLOGÍAS
C/ Salud, 15 5º dcha. 28013 – Madrid (España) | ISBN: 978-84-15816-04-1 | CIF: G - 84075977 | www.icono14.es/actas

APROXIMACIÓN AL USO DE LA SOCIAL MEDIA EN MEDICINA

Carlo Vinicio Caballero-Uribe

Profesor asociado de medicina

Hospital Universidad del Norte, calle 30, al lado del Parque Muvdi, Barranquilla, (Colombia).

Eder A. Hernández-Ruiz

Residente de Medicina Interna

Hospital Universidad del Norte, calle 30, al lado del Parque Muvdi, Barranquilla, (Colombia).

Resumen

Con el desarrollo de la Social Media el proceso de globalización de la información se ha potencializado de manera significativa, fundamentado en la formación de redes de conocimiento. La medicina constituye un área de gran impacto para el uso de Social Media y cada vez más se utiliza tanto para el proceso de enseñanza como para el de aprendizaje. En la medida en que se entiende la utilidad de estas herramientas para la adquisición y divulgación de información aumenta el interés en aprender a utilizarlas. En el área de la Medicina el uso correcto de la Social Media permite mantenerse actualizado de manera dinámica y práctica, compartir y divulgar información, además de establecer una nueva forma de comunicación y seguimiento a los pacientes. La Social Media ha permitido que los pacientes tomen un rol fundamental en el proceso de atención en salud, y se ha dado paso a conceptos tan importantes como el de E-paciente. De igual forma, la facilidad del acceso a la información permite obtener, seleccionar y clasificar las temáticas requeridas además de la comunicación con diferentes especialistas en diversas áreas de la medicina en cualquier parte del mundo. Evidentemente la modernización en el proceso de educación y divulgación del conocimiento obliga a que los profesionales del área de la salud se integren a esta nueva forma de abordar su rol frente a la ciencia y su aplicación en el desarrollo de la Medicina.

Palabras clave

Social media, e-paciente, medicina

Abstract

With the development of Social Media, the globalization of information has significantly potentiated, based on the formation of knowledge networks. The medicine is an area of great impact for the use of Social

ACTAS **ICONO**14 - Nº 11 VI Simposio Las Sociedades ante el Reto Digital | 05/2013 | ASOCIACIÓN DE COMUNICACIÓN Y NUEVAS TECNOLOGÍAS
C/ Salud, 15 5º dcha. 28013 – Madrid (España) | ISBN: 978-84-15816-04-1 | CIF: G - 84075977 | www.icono14.es/actas

Media and increasingly used for the teaching and learning. As is understood, the usefulness of these tools for the acquisition and dissemination of information increases interest in learning how to use them. In the area of medicine proper use of Social Media can stay updated dynamically and practice, share and disseminate information, in addition to establishing a new form of communication and tracking patients. The Social Media has enabled patients to take a role in the health care process, and has given way to concepts like the e-patient. Similarly, the ease of access to information allows for, select and rank the topics required in addition to communication with different specialists in various areas of medicine anywhere in the world. Obviously in the process of modernization of education and knowledge dissemination requires that professionals in health are integrated into this new way of approaching their roles with science and its application in the development of medicine.

Key words

Social media, e-patients, medicine

1. Propuesta conceptual

Se definen las redes sociales como estructuras compuestas de grupos de personas, las cuales están conectadas por uno o varios tipos de relaciones, tales como amistad, parentesco, intereses comunes o que comparten conocimientos o ideas de libre expresión. Puede haber muchos tipos de lazos entre los nodos (cada miembro de la red). La investigación multidisciplinaria ha mostrado que las redes sociales operan en muchos niveles. Por otra parte, se utiliza el concepto de Medios Sociales para definir un grupo de aplicaciones basadas en internet que se desarrollan sobre los fundamentos ideológicos y tecnológicos de la Web 2.0 y que permiten la creación y el intercambio de contenidos generados por el usuario. Estos dos conceptos (comunicación entre nodos y contenido generado por el usuario) son los elementos básicos de lo que entendemos y llamaremos en este artículo Social Media (SM).

La SM está conformado por una serie de herramientas que han revolucionado el campo de la comunicación y la educación en los últimos años. Cada vez más el proceso de formación y divulgación del conocimiento se apoya en el desarrollo de redes de información. El área de la Medicina no ha sido ajena a este proceso evolutivo y día a día el proceso enseñanza-aprendizaje se fundamenta en la implementación de estas nuevas estrategias.

El presente documento pretende establecer una aproximación al estado actual de los usos de la social media en salud y sus posibles aplicaciones, haciendo énfasis en las definiciones, usos significativos y barreras.

En general los usuarios de internet se han venido multiplicando de manera exponencial en los últimos años, tanto que en el año 2010 se reportaron más de 2054 millones de usuarios de internet a nivel global con rangos de penetraciòn variables oscilando entre 79% en USA hasta un 8% en India. Sin embargo, su crecimiento es significativo en todos los continentes y

ACTAS **ICONO**14 - Nº 11 VI Simposio Las Sociedades ante el Reto Digital | 05/2013 | ASOCIACIÓN DE COMUNICACIÓN Y NUEVAS TECNOLOGÍAS

C/ Salud, 15 5º dcha. 28013 – Madrid (España) | ISBN: 978-84-15816-04-1 | CIF: G - 84075977 | www.icono14.es/actas

culturas, si tenemos en cuenta que 81% de los usuarios de internet son fuera de los Estados Unidos, lo que confirma la globalizaciòn de esta herramienta.

Los mercados emergentes como Brasil, Argentina e India tienen los índices más altos de penetración y frecuencia de uso. Los latinoamericanos pasan mayor tiempo en las redes sociales que en otras regiones. Quienes más tiempo mensual dedican a internet al mes son Brasil (26.4 hrs), México (25.7 hrs) y Argentina (22,9 hrs) promedio de conexión (determinado por la oferta y penetración de la banda ancha), además el 81.9% de los usuarios de internet en América latina se conectan al menos a una de dichas redes.

Evidentemente el advenimiento de la internet y sus redes de información ha cambiado de manera significativa la forma como accedemos y compartimos el conocimiento y por supuesto el área de la salud se ha visto fuertemente influenciada por este proceso y los profesionales cada vez más utilizan esta herramienta para su pràctica médica diaria.

La aplicación de las tecnologías WEB 2.0 en el área de la salud se le conoce como Salud 2.0 o Medicina 2.0. La Salud o Medicina 2.0, es un concepto que a su vez emerge de la utilización de herramientas de bajo costo o gratuitas, basadas en contenido generado por los usuarios que pueden ser utilizadas para compartir o colaborar. No hay una definición consensuada del significado de la Salud 2.0. En una revisión sistemática reciente se analizaron 1937 artículos e identificaron 46 definiciones de Salud 2.0 y 7 tópicos principales, aunque un número significativo de referencias estaban en la literatura gris. Las áreas temáticas muestran lo variado del campo e incluyen 1. Pacientes y Consumidores 2.Tecnología Web 2.0 o herramientas basadas en la Web 3. Profesionales 4. Redes Sociales o herramientas de los medios sociales 5. Cambios en la atención de salud 6. Colaboración y 7. Información o contenido sobre salud. Por todo lo anterior queda claro que la SM es un concepto amplio, en evolución, que se desarrolla en el marco de un contexto dinámico, abierto y colaborativo, que aún se está definiendo.

Se discute si los profesionales de la salud deben acoger estos medios. Lo cierto es que están utilizando los medios sociales. Aunque los resultados varían, una revisión sistemática reciente menciona que entre el 64 y 96 % de los estudiantes de medicina tienen cuenta en facebook y de los profesionales entre el 13 y 47%, pero las tasas de adopción se vienen incrementando.

Aunque aún hay pocos estudios, recientemente McGowan y colaboradores, evaluaron el uso de la SM en 485 especialistas (oncólogos) y médicos generales y encontraron que un cuarto (24.1 % No. 117/485) usan la SM diariamente o múltiples veces al día para buscar información médica, más de la mitad (57.7%. No 279/485) consideraron que la SM era útil para obtener información de buena calidad y conectar con pares y 57.9% No.281/485 comentaron que la SM los ayudaba a cuidar de los pacientes más efectivamente y que mejoraba la calidad de la atención médica. Ni el sexo ni la edad de los médicos correlacionaron con el uso de las SM. Los factores que favorecieron el uso de la SM fueron, de acuerdo al modelo de aceptación de tecnología, la facilidad de uso y la utilidad percibida.

ACTAS **ICONO**14 - Nº 11 VI Simposio Las Sociedades ante el Reto Digital | 05/2013 | ASOCIACIÓN DE COMUNICACIÓN Y NUEVAS TECNOLOGÍAS

C/ Salud, 15 5º dcha. 28013 – Madrid (España) | ISBN: 978-84-15816-04-1 | CIF: G - 84075977 | www.icono14.es/actas

En América Latina hay poca información publicada. En el Congreso Panamericano de Reumatología 2012, se presentaron los resultados de una encuesta exploratoria realizado a través de la herramienta Survey Monkey. Se obtuvieron más de 100 respuestas entre médicos de esta especialidad, encontrando el 72.7% mencionaron tener cuentas de facebook, Linkedin 25,3%, Twitter 24.2% , Google + 17.2% y Blogs 5.1%. En cuanto a los usos, referían la utilización más frecuente para informarse (57.1%) y divertirse (48.8%), sin embargo un porcentaje interesante mencionaron interactuar con pacientes (29.7%) o para educación médica continua (29.7%) y un menor porcentaje interactuar con estudiantes (14.1%), reclutar pacientes para estudios (12.1%) e interactuar con colegas (7.1%). Solo 7.7% consideraron esta actividad una pérdida de tiempo.

Otros ejemplos de utilización de las redes sociales en Medicina de una forma muy interesante incluyen la actualización y   distribución de información, la selección del conocimiento apropiado para compartir con colegas con inquietudes similares, comunicarse con los pacientes, y ofrecer una opinión experta, entre otras formas de uso.

La amplificación de información relevante puede ser otra forma de utilización. Un estudio reciente demostró que los artículos con mayor cantidad de retuits, como se denomina en twitter cuando se reenvía un enlace o comentario destacado, son aquellos que obtienen mayor cantidad de citas, indicando que esta herramienta puede diseminar información relevante que luego resulta en referencias.

Uno de los aspectos relevantes del uso de la SM en salud tiene que ver con las relaciones médico-pacientes. Jadad y colaboradores, desde el 2003, antes del advenimiento de las nuevas herramientas destacaban el nuevo papel de los pacientes al igual que las dificultades que estos se podían encontrar frente a un sistema de salud con gran resistencia al cambio. El creciente número de aplicaciones de la SM han permitido potenciar y favorecer la tendencia natural de muchas personas de no ceder el control de su salud al sistema tradicional y que de forma más activa han querido participar en las decisiones que se tomaban en relación a su tratamiento.

La SM se ha convertido en un canal de marcada relevancia para que los pacientes participen de manera activa y a distintos niveles dentro del sistema de salud. Uno de los primeros autores en utilizar el término e-paciente fue Ferguson, quien lo define como un paciente proactivo, con buenos conocimientos sobre tecnologías, implicado en el mantenimiento de su salud e interesado en contribuir no sólo al tratamiento e investigación sobre determinadas condiciones de salud, sino también a mejorar el proceso de atención.

A pesar que se han mencionado numerosos aspectos que hacen de la SM un elemento facilitador para el ejercicio de la profesión médica y la educación continuada, se presentan una serie de aspectos que pudieran convertirse en obstáculos para la aplicación de estas herramientas. Algunos consideran que la esencia pública de las redes sociales pudiera dificultar la labor del facultativo y afectar la relación médico-paciente. Es probable que esto se deba a que tradicionalmente la Medicina ha valorado la privacidad, confidencialidad, la interacción uno a uno y la conducta formal, en tanto que los Medios Sociales han cultivado valores diferentes como la apertura, divulgación, conexión, transparencia e informalidad que parecen entrar en conflicto con lo que hemos aprendido tradicionalmente. De hecho algunos estudios muestran que no utilizamos el potencial de la web y hasta hace poco el escenario para los profesionales y sitios de salud manejado por ellos, es de pocas tecnologías interactivas disponibles en Internet, falta de interacción entre profesionales y pacientes y la falta de producción de contenido o información en salud y que en general el Internet representa para los profesionales de la salud una plataforma de contenido más que un espacio de comunicación o social. Barreras como falta de tiempo por exceso de trabajo, poca seguridad cuando se comparten datos, miedo a relacionarse con los potenciales pacientes fuera de la consulta o a ser cuestionados en su conocimiento, afectan a los profesionales de la salud.

Por otra parte, si bien son ciertos todos los grandes beneficios de las utilización de las herramientas WEB 2.0 en el área de la salud, hay que tener en cuenta que el desconocimiento y la falta de habilidad en el uso de estas nueva tecnologías puede limitar de manera significativa el proceso, además se debe tener en cuenta la probable barrera del idioma, ya que gran cantidad de los recursos están en inglés lo que podría ser un gran obstáculo para usuarios de otros idiomas. Todas estas tendencias podrían llevar en algún momento a truncar la implementación de la SM como medio favorecedor de la práctica académica y clínica.

2. Conclusiones

El uso estratégico de la SM tiene un sinnúmero de beneficios que parecen ir desde mantenerse actualizado de manera dinámica y práctica, compartir y divulgar información rápida y eficientemente, hasta establecer una nueva forma de comunicación y seguimiento a los pacientes. El carácter evolutivo y progresista de estas formas de tecnologías hace que los alcances favorables de estas herramientas sean inimaginables. Es posible que la Social Media se convierta en el sistema circulatorio de la sociedad del conocimiento. Que estas premisas se conviertan en realidad requiere más información a través del estudio científico y académico de sus usos y limitaciones.

Referencias

- Badillo, R. (2011). Aplicaciones y estrategias "Web 2.0" en la Educación Médica. *Salud Uninorte*, 27 (2): 275-288

- Caballero-Uribe C. (2012). Use of Social Media in Clinical Research. *Panlar 2012*. http://bit.ly/UL6BKu

- Caballero-Uribe C. (2011). La Web 2.0, Salud 2.0 y el futuro de la Medicina. *Salud Uninorte*; 27(2): vii-x

- Eysenbach G. (2011). Can Tweets Predict Citations? Metrics of Social Impact Based on Twitter and Correlation with Traditional Metrics of Scientific Impact. *J Med Internet Res*, 13(4):e123

- Ferguson T, Frydman G. (2010). The first generation of e-patients. *BMJ 2004*.328(7449):1148 -1149.

- Lupiáñez-Villanueva F, *et al.* (2010). The integration of Information and Communication technology into medical practice. *Int J Med Inform.*, 79(7):478-91.

- George D. y Green M. (2012). Beyond Good and Evil: Exploring Medical Trainee Use of Social Media. *Teaching and Learning in Medicine*, 24(2), 155-157.

- Gualtieri, L, *et al.* (2012). The integration of social media into courses: A literature review and case study from experiences at Tufts University School of Medicine. *Future Learning*, 1: 79–102.

- Jadad, A, et al. (2003). I am a good patient, believe it or not. *BMJ 2003*; 326:1293

- Kaplan A, H. (2010). Users of the world, unite! The challenges and opportunities of Social Media. *Business Horizons*. 53: 59-68.

- McGowan B. et al. (2012). Understanding the Factors That Influence the Adoption and Meaningful Use of Social Media by Physicians to Share Medical Information. *J Med Internet Res.*, 14(5):e117.

- Van De Belt T., *et al.* (2010). Definition of Health 2.0 and Medicine 2.0: A Systematic Review. *J Med Internet Res*, 12(2): e18.

- Von Muhlen M. y Ohno-Machado L. Reviewing social media use by clinicians. *J Am Med Inform Assoc.*, 19:777e781

- Vicente Traver Salcedo V. y Fernández-Luque L. El ePaciente y las redes sociales. *Salud 2.0.* http://bit.ly/r2x5E4

ACTAS **ICONO**14 - Nº 11 VI Simposio Las Sociedades ante el Reto Digital | 05/2013 | ASOCIACIÓN DE COMUNICACIÓN Y NUEVAS TECNOLOGÍAS

C/ Salud, 15 5º dcha. 28013 – Madrid (España) | ISBN: 978-84-15816-04-1 | CIF: G - 84075977 | www.icono14.es/actas

REFLEXIONES SOBRE LA INVESTIGACIÓN EDUCATIVA PARA LA PRÁCTICA DOCENTE DE LA ENSEÑANZA UNIVERSITARIA

Manuel Gertrudix Barrio

Profesor Titular

Departamento de Ciencias de la Comunicación 2, Facultad de Ciencias de la Comunicación, Universidad Rey Juan Carlos. Cº del Molino, s/n, 28943 Fuenlabrada (Madrid) España manuel.gertrudix@urjc.es

Felipe Gertrudix Barrio

Profesor Contratado Doctor

Escuela Universitaria de Magisterio San Idelfonso de Toledo. Universidad de Castilla La Mancha. Avda. Carlos III s/n (Fabrica de Armas), 45004-Toledo, España. felipe.gertrudix@uclm.es

Resumen

La investigación en la práctica educativa es, necesariamente, una de las líneas de acción que debe acompañar la actividad docente. El Espacio Europeo de Educación Superior ha puesto de manifiesto la necesidad de renovar los hábitos y formas de intervención didáctica para que la Universidad, y sus agentes, puedan responder mejor a los retos que la Sociedad del conocimiento nos plantea. Es el momento de unir, al instinto y la experiencia, unas buenas cartas de marear.

En este texto se presentan reflexiones y propuestas para la aplicación de la investigación-acción para la práctica educativa universitaria, y se concluye la necesidad de arbitrar modelos de aplicación que permitan aprovechar las oportunidades que representa.

Palabras clave

Investigación-acción, práctica educativa, TIC, estrategias educativas

Abstract

The research in educational practice is necessarily one of ways of action to accompany the teaching. The European Higher Education Area has highlighted the need to renew the habits and forms of educational intervention for the University. Besides, its agents can better respond to the challenges of the knowledge society poses.

ACTAS **ICONO**14 - Nº 11 VI Simposio Las Sociedades ante el Reto Digital | 05/2013 | ASOCIACIÓN DE COMUNICACIÓN Y NUEVAS TECNOLOGÍAS
C/ Salud, 15 5º dcha. 28013 – Madrid (España) | ISBN: 978-84-15816-04-1 | CIF: G - 84075977 | www.icono14.es/actas

In this paper we present ideas and proposals for the implementation of action research for university educational practice. We conclude the need to arbitrate application models to harness the opportunities presented.

Key words

Action research, educational practice, ICT, educational strategies

1. Introducción: la investigación-acción como modelo del cambio educativo

La apuesta por las metodologías activas; el dirigir el foco del aprendizaje a los procesos y a la labor implicada del discente; el planteamiento del docente como un facilitador que dibuja caminos y que construye sendas e itinerarios basados en objetivos claros; o la definición de las competencias como referentes de aprendizaje, pero también como marcas de calidad y garantías de profesionalidad de los titulados, son claros ejemplos de la exigencia que, para el perfil del docente universitario trazado por el proceso de convergencia europea, posee la investigación y renovación permanente de su didáctica.

Toda acción se motiva por una ideología, por una forma de entender y aprehender la realidad. Entre los principios rectores básicos que enmarcan nuestra aproximación a la investigación de la práctica educativa está a) el modelo de la investigación-acción, y b) entender nuestra propuesta como una parte de un proceso global de evaluación sistémica de calidad.

Elliot define la investigación-acción como "el estudio de una situación social para tratar de mejorar la calidad de la acción en la misma. Su objetivo consiste en proporcionar elementos que sirvan para facilitar el juicio práctico en situaciones concretas y la validez de las teorías e hipótesis que genera no depende tanto de pruebas "científicas" de verdad, sino de su utilidad para ayudar la personas a actuar de un modo más inteligente y acertado" (2005: 88)

El modelo de la investigación-acción, ideado como motor del cambio educativo en la Inglaterra de la década de los sesenta, y que tomó cuerpo con las teorías del psicólogo social Kart Lewin, parte del principio de "descubrimiento" asociado a la idea de "concientización", es decir, de que alguien (una entidad, un individuo) sea consciente de algo. En el plano educativo, supone poner en relieve, tomar conciencia de la situación y el contexto educativo, evaluar sus problemas, y proponer soluciones para el cambio y la mejora. Técnicamente se basa en una metodología de tipo cualitativo que pretende analizar acciones humanas y situaciones sociales con el fin de motivar, a través del estudio minucioso y la descripción profunda del *status quo*, motivar un cambio a partir de un proceso de autorreflexión.

La investigación-acción es un modelo especialmente interesante y útil desde la perspectiva de las prácticas docentes, pues pone el énfasis en el valor explicativo de las situaciones y en valor dialógico para propiciar una mejora, permite un análisis realizado de forma colaborativa e

ACTAS **ICONO**14 - Nº 11 VI Simposio Las Sociedades ante el Reto Digital | 05/2013 | ASOCIACIÓN DE COMUNICACIÓN Y NUEVAS TECNOLOGÍAS
C/ Salud, 15 5º dcha. 28013 – Madrid (España) | ISBN: 978-84-15816-04-1 | CIF: G - 84075977 | www.icono14.es/actas

interactiva, y ofrece resultados inmediatos. Ello, desde el punto de vista de la acción docente, tiene evidentes ventajas, pues permite la constante evolución de los hábitos y haceres del profesorado, al tiempo que fomenta un proceso continuado de innovación en la intervención de los procesos de enseñanza-aprendizaje. Sus pasos son los siguientes:

1. Problematización. Supone la identificación del problema o la situación problemática, la localización de las contradicciones subyacentes y las dificultades y limitaciones que dan origen a éstas.

2. Diagnóstico. Búsqueda y recopilación de información para realizar el diagnóstico preciso. Requiere el acceso a todas las fuentes y la triangulación de la información.

3. Diseño de una propuesta de cambio. En base a los objetivos planteados, se trata de plantear las alternativas y soluciones que pueden propiciar un cambio que mejore el problema de base.

4. Aplicación de la propuesta. Sobre la base de la propuesta, y bajo el modelo de una hipótesis a prueba, se somete la solución planteada a prueba con el fin de contrastar si, efectivamente, mejora los hábitos o prácticas educativas que se trataban de optimizar.

5. Evaluación. En relación a los objetivos perseguidos, se determina el alcance de los logros obtenidos en la aplicación de la propuesta. La evaluación forma parte, en un ciclo de retroalimentación, de un nuevo inicio de problematización.

Consideramos especialmente relevante el uso de la investigación-acción como un medio para evitar, en la práctica educativa, las disonancias entre la "teoría profesada" y la "teoría al uso" (Argiris y Schön, 1974); es decir, entre lo que decimos con respecto a los modelos metodológicos que queremos aplicar (activo, reflexivo, crítico, transformacional) y lo que puede que realmente estemos haciendo. El "control", pues, de las "teorías implícitas", la necesidad de revelar los supuestos ocultos que permanecen debajo de las conductas que llevamos a cabo, son uno de los objetivos de aplicación, junto con el "diálogo reflexivo" (Brockbank y McGill, 2002) que perseguimos con su uso.

2. La acción investigadora en el marco de procesos sistémicos de evaluación de la calidad para la mejora de la práctica educativa

El compromiso de la búsqueda de la calidad y la excelencia pone en valor las recomendaciones sobre cooperación europea, realizadas por el Consejo de Europa en septiembre de 1998 (98/561/CE) destinadas, entre otros aspectos, a la creación [ENQA (*European Network for Quality Assurance*)] e integración en redes de cooperación [INQAAHE (*International Network for Quality Assurance Agencies in Higher Education*)] y sistemas transparentes de evaluación de la calidad en la Enseñanza Superior en Europa.

ACTAS ICONO14 - Nº 11 VI Simposio Las Sociedades ante el Reto Digital | 05/2013 | ASOCIACIÓN DE COMUNICACIÓN Y NUEVAS TECNOLOGÍAS

C/ Salud, 15 5º dcha. 28013 – Madrid (España) | ISBN: 978-84-15816-04-1 | CIF: G - 84075977 | www.icono14.es/actas

La práctica de la investigación educativa se proyecta con la vocación de articularse en ese marco del proceso sistémico de evaluación de la calidad que, dentro del proceso de convergencia, está llevando a cabo la institución universitaria española. Consecuentemente, han de regir su acción los modelos y procesos de evaluación desde una doble perspectiva: la evaluación interna (autoevaluación) y la evaluación externa (heteroevaluación)

En consonancia con los referentes dados por la Agencia Nacional de Evaluación de la Calidad y Acreditación (ANECA) el modelo evaluativo que se toma como patrón es el de la *European Foundation for Quality Management* conocido como modelo EFQM.

La autoevaluación cumple el objetivo de ayudarnos a tantear y medir la situación en la que se encuentra nuestra práctica y acción didáctica, con el fin de encontrar sus fortalezas y debilidades, y marcar pautas de cambio y planes de mejora en base a modelos de calidad. En este sentido, la Fundación Europea para la Gestión de la Calidad, señala que la autoevaluación supone llevar a cabo un análisis global, sistemático y regular de las actividades y resultados comparados con un modelo de excelencia.

El sistema autoevaluativo planteado por EFQM es de carácter incremental, por lo que lo puede ser útil y aplicable a la práctica docente. Es, además, interesante por cuanto permite evolucionar, en función del nivel de madurez y el esfuerzo aplicado a la evaluación, desde unas primeras fases que utilizan instrumentos basados en opiniones, a otras más complejas y elaboradas que se basan en el análisis de los hechos.

Partiendo del cuestionario como instrumento elemental en el que plantear una primera aproximación, se puede obtener ya una primera información sobre en qué medida, la acción docente responde a las expectativas y demandas de los estudiantes.

Posteriormente, se trata de poner en marcha una matriz de mejora que tome en consideración todos los elementos contextuales que afectan al desarrollo didáctico, y que, partiendo de los nueve ítems de EFQM, aborda aquellos que cobran sentido en este nivel evaluativo: agentes, procesos y resultados.

Una vez se dispone del análisis de contexto, se estará en disposición de pasar a la siguiente fase: el desarrollo de una autoevaluación portafolio que desglose el análisis en criterios y subcriterios para obtener, en cada punto, el detalle de cuáles son los puntos fuertes o exitosos de la acción didáctica, cuáles son las áreas de mejora en las que hay que trabajar, y cuáles son las evidencias constatables de unas y otras.

Una vez realizado esto, se podrá, en aquello que es significativo en el nivel de la práctica docente, aplicar las estrategias del modelo EFQM, elaborando una memoria, en la que se evalúen, paso a paso, cada una de las variables que intervienen en nuestro hacer didáctico: las expectativas de nuestros estudiantes, las motivaciones personales, los medidores de rendimiento, los recursos y materiales, los modelos de gestión de la información, el diseño y desarrollo de los procesos en el aula, en las prácticas, en el hacer de los estudiantes, etc. Todo ello, con la finalidad de alcanzar, en los resultados globales, un conjunto de medidas de percepción reales e indicadores de rendimiento útiles, que hagan posible, por una parte, supervisar y entender qué es lo que sucede en la práctica profesional como docentes, y, por otra, tener la capacidad de anticipar y predecir la necesidad de introducir cambios y mejoras.

3. Ámbitos de investigación sobre la didáctica universitaria

Naturalmente la investigación educativa abarca diferentes esferas. Por ejemplo, un conjunto determinado de investigaciones puede ir dirigido a estudiar los elementos sistémicos, es decir, el análisis de la propia organización educativa como un sistema que relaciona recursos, objetivos, agentes, instituciones, estrategias y prácticas educativas.

La interacción didáctica entre profesores/as y alumnos/as, ya esté centrada en la relación o en la tarea, el cambio de conducta didáctica en el profesor/a, el cambio de actitudes de los alumnos/as respecto a la enseñanza, el estilo cognitivo de aprendizaje, el análisis de las capacidades del alumnado respecto al aprendizaje global o específico de una materia o asignatura, la eficacia de determinadas metodologías o el uso de materiales y recursos concretos, etc. forma otro gran capítulo de investigaciones educativas.

La investigación educativa puede orientarse también a la innovación de la enseñanza respecto a la elaboración de materiales y servicios curriculares digitales como una táctica de perfeccionamiento del acto didáctico. La primera consecuencia de ese trabajo innovador es el caudal de materiales variados para su uso por parte de alumnos/as y profesores/as debido al trabajo interdisciplinar de investigación, de experimentación y de depuración en la práctica, especialmente en un contexto de abundancia informacional como el actual.

El desarrollo de materiales educativos digitales puede llevarse a cabo individualmente, pero es más interesante cuando su elaboración se hace en equipo, con la intervención de docentes de la misma área, e incluso más productivo y divergente, cuando se realiza en grupos amplios en los que participan profesores y profesoras de distinta especialidades, dentro de procesos de trabajo cooperativo e interdisciplinar. Pero no son solo los docentes quienes pueden realizar materiales digitales o seleccionar recursos para el proceso de enseñanza-aprendizaje La participación directa del alumnado, tan facilitada hoy en día por las Tecnologías de la Información y la Comunicación, ofrece grandes ventajas pedagógicas y didácticas. De una parte, porque fomenta la motivación y la responsabilidad; de otra porque potencia las relaciones de trabajo y aprendizaje con sus compañeros y con los profesores, y, por último, porque contribuye a que asuman un papel protagonista de su propio aprendizaje.

Otro de los campos de investigación e innovación didáctica es la propia práctica docente. En un momento de cambio en la cultura en la docencia universitaria, en pleno proceso de integración en un Espacio Europeo de Enseñanza Superior, se exige que los docentes hagan el paso de un modelo en el que la función básica era la de transmitir conocimientos a otro en el que deben facilitar y orientar los aprendizajes. Es evidente que, en este contexto, sin menospreciar la necesaria calidad y la profundidad del conocimiento disciplinar, nos encontramos ante el es que es más necesario que nunca "conocer las formas más útiles de representar las ideas: las ilustraciones y explicaciones más poderosas, las manipulaciones y demostraciones más adecuadas, las mejores analogías y ejemplos, y conocer las estrategias de enseñanza que hacen que el contenido sea comprensible e interesante para los estudiantes y que facilita el desarrollo conceptual del contenido" (Gairín, 2004: 129)

El profesor/a para cumplir su tarea debe utilizar una variada tipología de técnicas, métodos, actividades y tareas, lo que le proporciona un alto grado de autonomía. Pero su uso no puede ser reproductivo; bien al contrario, debe ser crítico y creativo; deben estudiar los modelos de intervención didáctica, valorarlos y adaptarlos a sus necesidades docentes específicas. En determinadas ocasiones realizarán innovaciones en las técnicas didácticas de tal forma que, con ello, modifiquen sus actuaciones. Pero para que esas innovaciones sean eficaces se exige que sean puestas a prueba.

Esta acción autónoma en la práctica docente exige una alta responsabilidad del docente que ha de trabajar cada vez más con modelos de intervención didáctica más propios y originales o, en todo caso, personalmente asumidos. El profesor manifiesta tanto en su opción didáctica como en los contenidos que imparte, aunque sea de una forma implícita, sus creencias sobre la vida, la educación, el currículo (tanto el declarado como el oculto), el contenido concreto y la organización de estrategias didácticas, en cada una de las prácticas docentes que realiza, desde la programación a la evaluación tanto de los alumnos y alumnas como de la autoevaluación referida a su actividad docente, a los métodos empleados, a sus actitudes, etc.

4. Investigación educativa sobre las estrategias y procedimientos didácticos

En definitiva, conscientes de la relevancia de este campo, pero también de las limitaciones ante las que nos encontramos, proponemos algunas ideas de referencia sobre la aplicación de la investigación educativa sobre las estrategias y procedimientos didácticos.

Por estrategias didácticas entendemos el conjunto de modelos de enseñanza y aprendizaje distintos que se pueden poner en liza dentro de este proceso. Si las estrategias de aprendizaje ponen el acento en los métodos utilizados por los discentes para aprender, recordar y usar la información, en el caso de las estrategias de enseñanza están formadas por todas aquellas ayudas y sistemas que el profesor proporciona a los estudiantes con el fin de mejorar su proceso de aprendizaje.

Dado que los métodos y estrategias didácticas pretenden incorporar de un modo sistemático y organizado todo lo que sabemos de los procesos de aprendizaje y de lo que ocurre en situaciones de enseñanza (Aparicio, 1992), por ello resulta esencial establecer métodos que nos permitan conocer, desde el ámbito de la investigación-acción, qué condiciones son las más adecuadas para conseguir el aprendizaje de los estudiantes. En el fondo, toda estrategia responde a un modelo educacional, que es en el que se ha desarrollado y cobra todo el sentido. Sin embargo, nada las inhabilita para que, en el ejercicio de la actividad docente, puedan ser re-contextualizarlas en función de los resultados que se obtiene de la investigación-acción con el fin de crear una caja de herramientas didácticas personalizada y adaptada al contexto, a la situación de aprendizaje y a la naturaleza concreta en la que esta se desarrolla.

El objetivo es interesarnos por comprender la variedad de métodos de los que disponemos, y tratar de establecer de forma sencilla sus posibles taxonomías atendiendo a estos criterios: a) la dimensión de su actuación. Es decir, si se trata de metodologías individualizadas, colectivas o mixtas de enseñanza; y b) el modelo educacional. Si responden a criterios conductistas, prescriptivos, cognitivistas, o constructivistas.

5. Conclusiones

En el momento actual de la reflexión pedagógica, es fundamental tomar en consideración, para la didáctica específica de universitaria, las formulaciones de aquellas metodologías de aprendizaje y de enseñanza que suponen alternativas más ajustadas a la naturaleza del aprendizaje y, por lo tanto, que representan alternativas eficaces a los métodos más tradicionales (Monereo y Pozo, 2001). Su valor se deriva de rentabilizar procesos de aprendizaje que se producen espontáneamente en ciertas condiciones, y de la calidad del aprendizaje resultante, mucho más ajustado a las actuales demandas de nuestro entorno.

Estas metodologías innovadoras no son necesariamente rupturistas; su distinción frente a las metodologías tradicionales no es de referencia binaria (uno frente a cero, todo frente a nada) si no que debe verse como la lógica evolución de una práctica docente que ha virado el rumbo de sus fines desde el hacer de enseñar al oficio de aprender. En este contexto, resulta esencial poner en práctica metodologías de investigación docente que, como la investigación-acción, permita establecer un diálogo permanente entre la práctica académica y los resultados de la interacción con los estudiantes y su aprendizaje.

Referencias

- ARGIRIS, C. Y SCHÖN, D. (1974). Theory In Practice: Increasing Professional Effectiveness, en Jossey-Bass Inc., Publishers, 350 Sansome Street, San Francisco
- BROCKBANK, A. & MCGILL, I. (2002). Aprendizaje reflexivo en la educación superior. Madrid.
- ELLIOT, J. (2005). El cambio educativo desde la investigación-acción. Madrid.
- GAIRIN, J. *et al.* (2004). La tutoría académica en el escenario europeo de Educación superior. *Revista Interuniversitaria del Formación del Profesorado*. V.18 (1). 66-77.
- MONEREO, C. Y POZO, J.I. (2001): "Competencias para sobrevivir en el siglo XXI". Cuadernos de Pedagogía, n.º 298 (enero), pp. 50-55.

ACTAS **ICONO**14 - Nº 11 VI Simposio Las Sociedades ante el Reto Digital | 05/2013 | ASOCIACIÓN DE COMUNICACIÓN Y NUEVAS TECNOLOGÍAS

C/ Salud, 15 5º dcha. 28013 – Madrid (España) | ISBN: 978-84-15816-04-1 | CIF: G - 84075977 | www.icono14.es/actas